QUER
VERLAG

Butch/Femme

Eine erotische Kultur

herausgegeben von Stephanie Kuhnen

© Querverlag GmbH, Berlin 1997

© für die Photos, Della Grace

Erste Auflage März 1997

Umschlag von Gabi Kraus unter Verwendung einer Photographie von Della Grace. Innenlayout von Sergio Vitale
Gesamtherstellung: Clausen & Bosse
ISBN 3-89656-015-8
Printed in Germany

Bitte fordern Sie unser Gesamtverzeichnis an:
Querverlag GmbH, Akazienstraße 25, D-10823 Berlin

Mein besonderer Dank gilt all meinen FreundInnen, die mit ihrer moralischen Unterstützung, Geduld, Sahnetörtchen, praktischer Lebenshilfe sowie Rat, Tat und Tippen dieses Buch möglich gemacht haben. Speziellen Dank an die netteste Kneipe der Welt, das *CHUPS* im verschlafenen Göttingen und die famosen StammgästInnen. Ein Dankeschön auch an Johnny Cash für *A Boy named Sue.*

Inhaltsverzeichnis

High Femme sucht Gentleman Stone Butch

Einleitung

Stephanie Kuhnen

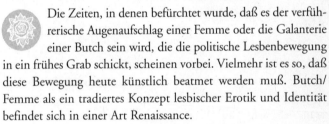 Die Zeiten, in denen befürchtet wurde, daß es der verführerische Augenaufschlag einer Femme oder die Galanterie einer Butch sein wird, die die politische Lesbenbewegung in ein frühes Grab schickt, scheinen vorbei. Vielmehr ist es so, daß diese Bewegung heute künstlich beatmet werden muß. Butch/ Femme als ein tradiertes Konzept lesbischer Erotik und Identität befindet sich in einer Art Renaissance.

Jedoch kann nur etwas wiedergeboren werden, was bereits tot war. Das ist bei Butch/Femme nicht der Fall. Diese lesbische Kultur hat zu jeder Zeit ihre kontinuierliche Dynamik beibehalten. Nur scheint sie jetzt wieder sichtbarer, nachdem eine Öffnung zwischen politischer Szene und Subkultur entstanden ist. Warum ist dieses Buch also erst jetzt erschienen und nicht vor fünf Jahren?

Dazu benötigte es eine Generation von Frauen, die sich für lesbische Kontinuität um ihrer selbst willen interessierte und nicht, um zu bewerten oder „die bessere Lesbe" zu schaffen. Es mag pathetisch klingen, aber es war Mut erforderlich, um mit konventionellen sowie selbstgeschaffenen Tabus zu brechen und lesbische Erotik und Sexualität der Definitionsmacht konservativer Feministinnen wieder zu entreißen, nicht länger zu glauben, daß das HIV-Virus zwischen einer „guten" und einer „schlechten" Lesbe unterscheiden kann, Sexspielzeuge und Pornographie aus der *Hall of Shame* zurückzuholen, Bündnisse mit schwulen Männern einzugehen, den Androgynitätsimperativ zu hinterfragen und eben jede andere Identität zu respektieren.

Warum ist eine so geringe Wertschätzung für das Butch/Femme-Konzept vorhanden? Haben wir diese Teile unserer Geschichte und Kontinuität geopfert, um uns von starren Heteronormen zu befreien?

Es stellt sich ebenfalls die Frage, welches Datum wir als den Beginn der Lesbenbewegung sehen. Der erste Tomatenwurf gegen den Männlichkeitswahn des Sozialistischen Studentenbundes Deutschland (SDS) oder Stonewall? Letzteres hätte nie zu einer Negierung unserer Vielfalt an Lebensweisen führen dürfen. Die ProtagonistInnen der Straßenkämpfe waren nicht die illustren und intellektuellen Homosexuellen, die in der Rezeption unserer Geschichte so euphorisch gefeiert werden. Die Gertrude Steins, die Radclyffe Halls und die George Sands hatten Geld, Macht und Ansehen, also keinen lebensnotwendigen Grund, sich gegen alltägliche Schikane durch den verlängerten Arm der Gesellschaft zu wehren. Sie existierten in einem gemütlich eingerichteten Raum für sich allein. Daß sie ebenfalls Butches oder Femmes waren, kann in diesem Zusammenhang eigentlich nur am Rand bemerkt werden.

Es waren die offensichtlichsten unter den Lesben und Schwulen – die Butches, die Femmes (nicht wenige unter ihnen Prostituierte), die Drag Kings, Drag Queens und Stricher aus den untersten sozialen und ethnischen Schichten, die während der Stonewall Riots 1969 tagelang gegen eine staatliche Übermacht kämpften. Ein Fakt, der auch bei den meisten CSD-Paraden verdrängt wird.

Es ist zynisch und zugleich tragisch, daß sich in den siebziger Jahren eine Bewegungsspitze selbst ernannte, die ihre sozialen Privilegien wie Bildung und Klassenherkunft nutzte, um neue Werte und Normen zu konstituieren, in denen für Femmes und Butches kein Platz sein sollte.

Eine Kultur, älter als die Lesbenbewegung, sah sich plötzlich gezwungen, wieder in die subkulturelle Isolation abzutauchen, nachdem sie für kurze Zeit auf soziale Veränderungen und gesellschaftliche Akzeptanz hoffen durfte. Die Kessen Väter und Femmes waren in den Frauenzentren und Lesbengruppen, die im Gegensatz zu ihnen noch mit ihrer Selbstverwirklichung beschäftigt waren, unerwünscht. Butches oder Kesse Väter wurden kurzerhand zum Imitat von zu verdammender Männlichkeit erklärt. Femmes galten als Opfer ihrer weiblichen Sozialisation. Oder schlimmer noch: als Frauen, die ihre lesbische Identität in der Öffentlichkeit durch feminines Äußeres verleugneten. Neben dem Kampf gegen das Patriarchat war es ein Hauptanliegen der radikal-feministischen Lesben, den „Feind in sich" zu suchen und zu eliminieren, auch wenn es zum Ausblenden eigener Identität führte. An verinnerlichte Frauenfeindlichkeit und Homophobie wurde dabei nicht gedacht.

Der ideale Prototyp „Lesbe" kleidete sich androgyn, liebte androgyn und verhielt sich androgyn. BHs, Make-up, Röcke, Anzüge und Rüden waren plötzlich verpönt.

Natürlich ist es eine altbekannte Weisheit, daß dort, wo ein Imperativ herrscht, die Bigotterie nicht weit entfernt ist. Politisierte Lesben beschäftigen sich nicht mehr mit ihrem Aussehen und ihrer Inszenierung. Vor Partys grübelten sie nur stundenlang, ob sie ein grünes oder ein blaues Karohemd tragen sollten, das kurze Haar offen trugen oder mit einem Stirnband und einer Feder schmückten. Sexualität war plötzlich eine im Weichzeichner verschwommene, sehr kuschelige Angelegenheit. Das Phänomen des *lesbian bed death* (LBD – des lesbischen Bettodes), wurde lange mit dem Mythos von zuviel Nähe psychologisiert – wenn Sexualität überhaupt thematisiert wurde. Daß es sich dabei in den meisten Fällen einfach um nicht ausgelebte Phantasien oder verdrängte sexuelle Identität handelte, weil diese der Partnerin politisch und moralisch nicht vermittelbar schienen, ist eine Erkenntnis der neunziger Jahre.

Die verpönten Hetero-Imitate saßen zu Hochzeiten der Lesbenbewegung in ihren Stammkneipen, kämpften sich durch das Arbeitsleben und erfreuten sich des angeblich sinnleeren hedonistischen Vakuums nicht selten zusammen mit schwulen Männern und VertreterInnen des Rotlichtmilieus.

Im Gegensatz zu den durch die westliche Gesellschaft vermittelten heterosexuellen Normen ist Butch/Femme kein starres Identitätskonzept. Butch und Femme sind Persönlichkeitsstrukturen, die in ihrer Vielfalt nicht negiert werden können. Butches und Femmes verlieben sich ineinander. Femmes verlieben sich auch in Femmes, wie Butches sich in Butches verlieben können. Butches können unter bestimmten Umständen ihre Femme-Qualitäten entdecken und andersrum. Es ist auch nicht völlig abwegig, zu behaupten, daß es heterosexuelle Butches oder Femmes gibt. Man denke zum Beispiel an Sergeant Cagney aus der Kultserie *Cagney und Lacey* oder an die burschikose Chicana Vazquez in dem Kinofilm *Alien II*.

Gegen Ende der achtziger Jahre, im Zuge der Geschlechterdekonstruktion, entwickelte sich eine weniger restriktive Haltung gegenüber den unterschiedlichsten Identitätsformen. Jedoch behielt Butch/Femme weiterhin den leichten Beigeschmack einer Simulation von Heterosexualität. Die liberalsten unter den Akademikerinnen nannten es milde „Rollenspiel".

In einem Chatforum des Internets entbrannte vor einem Jahr eine leidenschaftliche Diskussion unter einigen Lesben unterschiedlicher Nationalitäten. Nach einigen sehr verletzenden Tiraden der pc-Polizei begehrte eine ältere Lesbe endlich auf:

„Ich bin eine High Femme, die eine traditionelle Gentleman Stone Butch braucht, will und begehrt. Das ist nicht meine Rolle, das ist mein Herz!"

Die erste von vielen Antworten war:

„Dies ist kein Rollenspiel. Dies ist kein Rollenspiel. Dies ist kein Rollenspiel. So sind wir. So sind wir. So sind wir. War das deutlich genug?"

In Deutschland existiert noch nicht die selbstbewußte Kultur wie in den USA, Kanada oder seit einigen Jahren in Großbritannien, die eine Fülle von Publikationen hervorgebracht hat.

Erst in den letzten zwei Jahren wird die Butch/Femme-Kultur vor allem von jüngeren Lesben in Deutschland wiederentdeckt bzw. neu für sich definiert. Butch und Femme als Identitätsbezeichnungen wurden dabei in Ermangelung deutscher Wörter weitgehend übernommen.

Diese Anthologie ist erst der Anfang einer Geschichte, die hierzulande noch geschrieben werden muß, und will daher keinen Anspruch auf Vollständigkeit erheben. Sie versteht sich als Anregung zu einem Austausch der verschiedenen Generationen von lesbischen Frauen über die verschiedensten Identitätskonzepte und Lebensformen.

Stephanie Kuhnen

Gefährtinnen, Huren, Power-Femmes

Auf Stöckeln durch die Herstory

Birgit Scheuch

In den USA hält eine mittlerweile fast unüberschaubare Masse an Veröffentlichungen die dortige Butch/Femme-Geschichte lebendig: Zeitschriftenartikel, Fotobände, Wandkalender, theoretische Abhandlungen und Textsammlungen in der Tradition der *oral history* wie etwa *The Femme Mystique* von Lesléa Newman, in denen die Lebenserfahrungen von Femmes und Butches wie dir und mir festgehalten sind. Die Publikation von Forschungsarbeiten ermöglicht jeder Junglesbe den kulturgeschichtlichen und emotionalen Zugang zu ihren Vorfahrinnen.

Eine solche Überwindung der Geschichtslosigkeit steckt hierzulande noch in den Kinderschuhen. Obwohl gerade Berlin eine schillernde und aufregende Lesbengeschichte vorzuweisen hat, obwohl deutsche Sexualwissenschaftler mit als erstes über Homosexuelle geforscht haben, wird die kulturelle Tradition Butch/Femme bzw. Kesser Vater/Frau beharrlich verdrängt.

Ein Grund hierfür ist sicherlich im Nationalsozialismus anzu-siedeln, als die Schließung von Forschungseinrichtungen, einschlä-gigen Lokalen und Treffpunkten und die Angst vor dem Entdeckt-werden einen Bruch in der Entwicklung von Identitätsformen und kulturellen Bräuchen und vor allem deren Überlieferung verur-sacht hat. Doch erklärt dies nicht das anhaltende Desinteresse deutscher (Frauen-)Verlage sowie der Lesbenszene an der Aufarbei-tung solch erschreckender Geschichtslücken.

Femmes und Butches, die es danach verlangt, Lebenserfahrun-gen, die eigene Identität kulturgeschichtlich zu verankern, bleibt, zumindest für den Anfang, nichts anderes, als sich auf Spuren-suche in der amerikanischen Literatur zu begeben.

Diesen Quellen nach gibt es verschiedene Ansichten darüber, wie die Tradition des Butch/Femme-Lebensstils genau entstand. Denn bei der Analyse spielt es eine entscheidende Rolle, ob Cross-dressing, also wenn Frauen als Männer verkleidet durchs Leben gingen, mit einbezogen wird. Dabei muß bedacht werden, daß unzählige Frauen aus ökonomischen Gründen Perioden oder ihr ganzes Leben als Männer zubrachten.

Vor der Industrialisierung gingen nur wenige Frauen in männ-licher „Verkleidung" durchs Leben; damit setzten sie sich einem großen Risiko aus, denn sanktioniert waren nur Frauenfreund-schaften (in der Mittel- und Oberschicht), die die Notwendigkeit der Ehe nicht in Frage stellten. Immer mehr Frauen wurde jedoch klar, daß sie als Mann wesentlich höhere Chancen auf Arbeit und besseren Verdienst hatten, sich vor unerwünschter Anmache schützen und sogar teils unbehelligt ein „Eheleben mit ihrer Frau" führen konnten. Nicht alle, aber sicher viele dieser Frauen fühlten sich auch sexuell zu Frauen hingezogen. Die seit Jahren engagierte US-amerikanische Femme/Butch-Verfechterin und Forscherin Joan Nestle beginnt den chronologischen Teil ihrer Anthologie *The Persistent Desire* mit einem Leserbrief an die *Evening Post* aus dem Jahr 1843. Darin beschreibt William Cullen Bryant die für ihn „höchst interessante" vierzigjährige Lebensgemeinschaft zweier „jungfräulicher Damen":

Ich könnte Ihnen erzählen [...], wie die eine, die forscher und lebhafter war als die andere, sozusagen das männliche Familienoberhaupt repräsentierte, bis ihre Gesundheit nachließ und ihre sanfte Gefährtin sie pflegte, wie eine liebevolle Ehefrau ihren kranken Mann umsorgt. (Nestle 1992, 23)

Die Historikerin Lilian Faderman hingegen lehnt solch lesbische Geschichtsfindung als Wunschdenken ab und führt den geschichtlichen Beginn der Butch/Femme-Tradition – ja, des Lesbischseins überhaupt – erst auf die moderne Sexualwissenschaft zurück, die Anfang dieses Jahrhunderts begann, Veranlagungstheorien aufzustellen und Lesben entsprechend zu kategorisieren. Damit, so argumentiert Faderman in *Odd Girls and Twilight Lovers*, raubte sie den Frauen die Möglichkeit, unter dem allseits anerkannten Deckmantel der sogenannten romantischen Freundschaften ihre homoerotischen bis hin zu homosexuellen Neigungen auszuleben, was noch im 19. Jahrhundert gang und gäbe gewesen war. Allerdings eröffneten die umtriebigen Sexualwissenschaftler Frauen jener Gesellschaftsschichten, deren Familien nicht für die romantische Lebensführung einer unverheirateten Tochter aufkommen konnten, die Möglichkeit der Identifikation.

Die „wissenschaftliche" Erklärung der Sexologen hieß, daß sich die „Lesbierin" als Mann im Frauenkörper fühle. Homosexualität galt nach den neuen Theorien als angeboren. Erstaunlich viele Frauen akzeptierten schnell die Kategorisierung als „Invertierte", weil die These, daß es sich bei ihrer sexuellen Neigung um einen Geburtsfehler handelte und sie damit nichts dafür konnten, sie zumindest von Schuldgefühlen entlastete.

Unterschieden wurde zwischen „männlichen" und „weiblichen" homosexuellen Frauen, wobei die feminine Invertierte als nicht so stark abweichend (deviant) galt.

Auch hier wurden Femmes als Lesben nicht ernst genommen. Die Wissenschaft beschrieb sie noch in den Fünfzigern als narzißtische Mädchen auf der Suche nach Mutterliebe, die sich ihrer verdorbenen Sexualität gar nicht bewußt seien, und rechnete ihnen gegenüber dem „maskulinen Typus" eine höhere Chance zur Rückführung in das heterosexuelle Leben aus.

Während im 19. Jahrhundert den Frauen sexuelle Initiative, überhaupt Wünsche nicht zugestanden worden waren, forderte die boomende Psychoanalyse ein befriedigendes Sexleben als Grundlage für Gesundheit und Erfolg.

Auch die zunehmend extremere Polarisierung zwischen männlich und weiblich als Organisationsstruktur des gesellschaftlichen Lebens ging natürlich an frauenliebenden Frauen nicht spurlos vorbei. Sex ohne Geschlechterunterschied existierte als Konzept für die breite Allgemeinheit nicht. Eine „Rollen"-Verteilung erleichterte auch den Lesben die noch nicht gerade landläufige Vorstellung von Sex zwischen Frauen, aber mehr noch diente Butch/Femme der nach außen sichtbaren Einführung von Sex in der Beziehung zwischen zwei Frauen und leistete damit Widerstand gegen die bis heute weitverbreitete Auffassung, zu „richtigem" Sex gehöre ein Mann.

In den Dreißigern und Vierzigern wurde aus ökonomischen Gründen vor allem die weibliche Homosexualität – die vormals in bestimmten Kreisen als chic galt – verdammt und für gefährlich erklärt, so daß sich die Lesbenszene in der Zeit um den zweiten Weltkrieg kaum weiterentwickeln konnte. So wurde die Propagierung eines neuen Weiblichkeitsbildes von den Nazis zwar in besonders perfektionistischer und perfider Weise durchgesetzt, doch auch in den USA galten Kinderreichtum und Familienleben nun als erstrebenswert, und die Persönlichkeitsentwicklung der Frau wurde so weit wie möglich behindert. Während des zweiten Weltkrieges erfuhr dieses Bild einen weiteren Wandel. Mit dem Fehlen der Männer, die im Krieg verheizt wurden, mußten die Frauen nun die Kriegsproduktion in Gang halten. Die so erreichte kleine und äußerst fragwürdige Emanzipation dauerte jedoch nur bis zum Kriegsende. Für die heimkehrenden Männer mußten Arbeitsplätze entstehen, die Frauen sollten zurück an Heim und Herd. Mit dem Ende der kurzfristigen Selbstverwirklichung außerhalb der Kleinfamilie wurde auch der Druck auf Frauen mit abweichenden Lebenszielen wieder größer.

Innerhalb bzw. am Rande der homophoben Gesellschaft der Fünfziger und Sechziger entstand in den USA eine ausgeprägte Barkultur. „Lesben aus der Arbeiterschicht und junge Lesben: Butch/Femme-Rollen" überschreibt Lilian Faderman ein Kapitel in *Odd Girls and Twilight Lovers*. Im Gegensatz zu Mittelschichts-Karriere-Lesben, die, so schreibt sie, einer Ehe unter Gleichberechtigten durchaus Vorzüge abgewinnen konnten, hätten solche (emanzipierten) Wertvorstellungen bei Lesben aus der Arbeiterschicht und jungen Lesben in den fünfziger und sechziger Jahren keinen großen Anklang gefunden. Faderman führt die Verfestigung von Butch/Femme in den Fünfzigern einzig auf die Nachahmung zweigeschlechtlicher Verhaltensmuster zurück, die die Lesben auch in der Schwulenszene gefunden hätten. Diese „Rollen" hätten zwar die Zugehörigkeit zur Szene signalisiert und seien für junge Lesben hilfreich bei der Identitätsfindung gewesen, doch betont Faderman gleich anschließend, daß so nur die Thesen der Sexologen vom „Mann in der Frau und ihrer Gefährtin" bestätigt wurden und nennt Beispiele für den Zwang, dem jene Lesben ausgesetzt waren, die keine „Rolle" wählen wollten oder konnten – sogenannte *ki-kis*.

So aufschlußreich Fadermans lesbisches Geschichtsbuch insgesamt ist, bezieht sie sich doch sehr stark auf die Heterogesellschaft als Meßlatte für die Entwicklung unserer kulturellen Identität. In mindestens gleichem Maß war und ist aber z.B. die „marktwirtschaftliche" Gesellschaftsordnung ein nicht zu unterschätzender Faktor bei der Herausbildung westlicher Identitätsformen. Dennoch werfen Kritikerinnen des Butch/Femme-Lebensstils wie Faderman der Lesbenszene nicht permanent vor, kapitalistische Leitbilder zu „kopieren". Jegliche lesbische Lebens- und Kulturform steht natürlich in engem Zusammenhang mit der Kultur, in der sie angesiedelt ist. Einzige Ausnahmen sind die vereinzelten Versuche lesbischer Separatistinnen, der Dominanzkultur gänzlich abzuschwören. Diese konnten aber bislang auch nicht nachweisen, welch reizvolle und überzeugende Gesellschaftsmodelle Lesben auf sich gestellt entfalten. Man muß Faderman zugutehalten, daß sie den Femmes der Fünfziger „ein bestimmtes Maß an rebellischem Mut" zusprach, entgegen der herrschenden Moral außereheliche sexuelle Beziehungen aufzunehmen, was heterosexuelle Frauen damals nicht gewagt hätten. Ich empfinde ihre Argumentation jedoch als Entwertung unserer Kulturgeschichte und wage den Gedanken zu äußern, ob Faderman in ihrer nach wissenschaftlichen Standards korrekten Forschung nicht selbst Opfer der patriarchalen Dominanzkultur geworden ist.

Ich pflichte eher nicht-akademischen Alltagsforscherinnen wie Joan Nestle bei, die den Lesben dafür, daß sie innerhalb einer fraglos scheußlichen Heterokultur ihre – wenn auch nur im Detail – abweichenden Ausdrucks- und Kommunikationsformen entwickelt haben, ein immenses Maß an Kreativität zuerkennt.

> *Sowohl Butches als auch Femmes haben in ihrer Geschichte eine große Erfindungsgabe in der Entwicklung von persönlichem Stil gezeigt. Aber weil die Elemente dieser Stile – Kleidung und Ausdruck – der heterosexuell dominierten Kultur entstammen, geschieht es leicht, daß ein innovativer oder Widerstand ausdrückender Stil als bloße Nachahmung der vorherrschenden Kultur abgetan wird. [...] Aber eine Butch, die in den Fünfzigern Männerkleidung trug, war nicht einfach eine Lesbe, die sich als Mann verkleidete, sondern eine Frau, die einen einzigartigen Stil entwickelte, um anderen Frauen zu signalisieren, wozu sie fähig war, also erotische Verantwortung zu übernehmen.* (Nestle 1992, 141)

Die zunehmende Polarisierung und Identifikation als Butch oder Femme fand nicht die Zustimmung aller Lesben. Unter anderem auch, weil sie Homosexualität offensiv und sichtbar machte.

> *Butches wurden an ihrer Erscheinung erkannt, Femmes an der Wahl, die sie trafen. Femmes wurden schon damals in den*

Fünfzigern unterschätzt, weil sie mit ihrer Erscheinung nicht
so offensiv Geschlechtertabus brachen. Heute wird ihnen
immer noch zu wenig Bewußtsein zugestanden, um sie zu
vollwertigen Mitgliedern der feministischen Lesbenszene zu
machen.

(Nestle 1992, 141)

Lesben aus der Mittel- und Oberschicht zogen es meist vor, in ihren eigenen Kreisen zu verkehren und dabei möglichst nicht auf ihre Neigung aufmerksam zu machen.

Alle Versuche staatlicher Organe und gewaltsame Übergriffe von Individuen, diese unerwünschte, will heißen beängstigende Barkultur zu zerstören, fruchteten wenig. Allerdings beförderten sie die Entwicklung spezifischer Zusammenhänge und Verhaltenskodizes. Dabei fällt besonders die enge solidarische Beziehung auf zwischen lesbischen Huren (also Femmes, die sich ihrer sexuellen Präferenz so sicher waren, daß sie die Hausfrauen- und Mutterrolle keinesfalls einnehmen wollten, denen aber als einziger Frauenberuf nur die Prostitution offenstand) und den Butches, die versuchten, ihren Lebensunterhalt in Männerdomänen zu verdienen.

Die Unberührbarkeit der „Stone Butches" als Zeichen ständiger Kontrolle wurde idealisiert – notgedrungen, denn anders waren die zahlreichen Übergriffe der Polizei bei Razzien, die sich in der Regel gegen die Butches wandten, nicht zu verkraften. Butches als scheinbare Konkurrentinnen heterosexueller Männer wurden herausgegriffen und wiederholt vergewaltigt, um aus ihnen „richtige Frauen" zu machen. Während es Aufgabe der Butches war, ihre Femmes „draußen" zu beschützen, wird die heilende Rolle der Femmes gegenüber den verletzten Butches oft verkannt.

Ich wußte, Du würdest da sein, wenn ich es nur bis nach
Hause schaffte. […] langsam und vorsichtig hast Du mir
meinen Stolz wiedergegeben, indem Du mir zeigtest, wie sehr
Du mich begehrtest. Du wußtest, daß Du Wochen brauchen

würdest, das Eis wieder zum Schmelzen zu bringen, den Stein
zu erweichen.

(Feinberg 1996, 10f.)

Überwiegend aus der studentischen Mittelschicht waren die Frauen, die Ende der sechziger Jahre den lesbischen Feminismus auf den Weg brachten und das Butch/Femme-Konzept für überholt erklärten.

Wir dachten, wir hätten den Befreiungskrieg gewonnen, als wir uns das Wort gay *zu eigen gemacht hatten. Doch dann kamen plötzlich die Studierten aus ihren Löchern hervor und erklärten uns die neuen Spielregeln. (Wer hat sie eigentlich dazu ermächtigt?)*

Sie warfen uns raus, sorgten dafür, daß wir uns für unser Aussehen schämten. Sie sagten, wir wären Chauvinisten-schweine, der Feind. Es waren Frauen, denen sie auf diese Weise das Herz brachen.

(Feinberg 1996, 13)

Die Theorie des lesbischen Feminismus propagierte den androgynen Ausdruck. Sie nahm Abstand vom patriarchalen Weiblichkeits- und Schönheitsideal und führte zu einer zunehmenden Nivellierung der Stilmittel der lesbischen Selbstdarstellung. Lesben sollten und wollten für Männer nicht mehr attraktiv sein und sich auf innere Werte konzentrieren. Damit wurde praktischerweise auch gleich die Gefahr einer Schönheitskonkurrenz unter Lesben ausgeschlossen.

Erst Anfang der Achtziger, mit dem Beginn der sogenannten *lesbian sex wars* in den USA erlebte Butch/Femme ein Comeback. Autorinnen wie Joan Nestle gingen mit ihren Lebenserfahrungen an die Öffentlichkeit, beklagten die Ablehnung und Ignoranz, unter der sie als Femmes während der letzten zwei Jahrzehnte gelitten hatten. Auf Konferenzen zu Schwulen- und Lesbenstudien – „ein Barometer für das, was die Mittelschichtslesbe denkt" (Mor-

gan 1993, 42) – tauchte Butch/Femme auf dem Veranstaltungs-
plan auf, und in mehr als einem Abschlußplenum kam es zum
Eklat, wenn diese Identitätsform als Oberflächenphänomen
abqualifiziert wurde.

Nach wie vor zankt sich die US-Szene darüber, was Butch/
Femme ausmacht: die Lage im Bett oder die Länge der Haare?
Wie wichtig ist es, sich als eines von beidem zu bezeichnen? Welche Gemeinsamkeiten und Unterschiede lassen sich in bezug auf
Butch/Femme in den verschiedenen Ethnien finden? Und neuerdings, warum entdecken so viele Butches ihre transsexuelle Identität, und was heißt das für die Femmes, die auf sie stehen?

Wie nervenaufreibend diese beharrliche Streiterei auch immer
herüberkommen mag, so nimmt damit zumindest die amerikanische Szene die Ergründung ihrer historischen Wurzeln selbst in
die Hand und schreibt, indem sie immer neue aktuelle Details
hinzufügt, eine dynamische Lesbengeschichte.

Lesbe im Plural

Zur Wiederauferstehung von Butch/Femme in der Queer Theory

Julika Funk

In der am heißesten diskutierten Veröffentlichung der letzten Jahre zur Geschlechtertheorie spielt Butch/Femme eine prominente Rolle. Judith Butler wirft in *Das Unbehagen der Geschlechter* eine der zentralen Fragen ihres Buches zur Geschlechtsidentität anhand von Butch/Femme als lesbischen Identifikationsbildern mit ikonenhaftem Status auf. Gibt es eine ursprüngliche und originale Geschlechtsidentität? Verhalten sich lesbische Identifikationsbilder wie Butch/Femme zu heterosexuellen Geschlechtsidentifikationen wie Kopien zu einem Original?

Die deutschsprachige wissenschaftliche Rezeption hat sich zum großen Teil jedoch gescheut, den gedanklichen Weg über die Figuren der Butch und der Femme nachzuvollziehen. Nur wenige deutschsprachige KritikerInnen haben anfangs zur Kenntnis genommen, daß sich *gender trouble* in den USA in eine spezifische akademische Landschaft mit zumTeil institutionalisierten *lesbian and gay studies* und einem neuen Aufbruch der *queer theory* darin situiert und darüber hinaus Bezug nimmt auf eine bestimmte, vorwiegend amerikanische feministische Diskussion der *identity politics*, insbesondere des lesbischen Feminismus. Die scharfe Kritik an Butlers Infragestellung der Identitätskategorie hängt sich vor allem an den Themen Transsexualität und Travestie auf und wirft Butler eine theoretisch betriebene „Entkörperung" des weiblichen Körpers vor, so jedenfalls der Tenor der in den *Feministischen Studien* geführten Debatte (Heft 2/1993). Bei genauerem Hinsehen zeigt sich jedoch, daß unterschiedliche Begehrensstrukturen geradezu einen blinden Fleck dieser Kritik darstellen – einen blinden Fleck, der genau ins Zentrum des Butlerschen Anliegens weist: zu zeigen, wie Effekte der Kodierung von Geschlechtsidentitäten nicht nur normative und idealisierte Bilder von Geschlechtskörpern hervorbringen, sondern sich diesen auch einschreiben. So betont Butler im Vorwort zur deutschen Ausgabe der nachfolgenden Veröffentlichung *Körper von Gewicht* in Kenntnis der deutschen Reaktion auf *Das Unbehagen der Geschlechter*, Feminismus keineswegs als eine Praxis der Entkörperung betreiben zu wollen, und setzt hinzu:

> *Der Vorwurf der Entkörperung wird viel leichter gegen Frauen ins Feld geführt, die nicht mit den heterosexuellen Idealen oder den normativen kulturellen Idealen im allgemeinen konform sind. In der Tat scheinen solche Frauen ohne Körper zu sein oder einen Körper überhaupt sinnentleert zu haben. Wir sollten uns jedoch daran erinnern, daß Körper außerhalb der Norm noch immer Körper sind, und für sie und in ihrem Namen suchen wir ein erweiterungsfähiges und mitfühlendes Vokabular der Anerkennung.*
>
> *(Butler 1995, 10)*

Die Beschäftigung Butlers mit den Figuren der Butch und der Femme beruht auf einer US-amerikanischen und angelsächsischen feministischen Diskussion zu diesem Thema, auf deren Hintergrund sich der Stellenwert einer regelrechten Butch/Femme-Ästhetik in Butlers Theorie genauer beschreiben läßt.

Die Diskussion um lesbische Identifikationsbilder hat sich in den USA, aber auch hier im Zuge der Neuen Frauenbewegung entzündet und zu regelrechten *sex wars* ausgewachsen, die mittlerweile durch sogenannte *style wars* abgelöst worden zu sein scheinen. Als eine Interpretation des Slogans „Das Private ist politisch" hatte sich in den siebziger und achtziger Jahren die nicht auf Männer, sondern Frauen gerichtete sexuelle Identität von Frauen als Bild der Erfüllung eines feministischen „frauen-identifizierten" Bewußtseins und sogar der politischen Lösung der Frauenfrage angeboten. Die Lesbe mutierte zum „magischen Zeichen" (Katie King) des Feminismus. Diese Entwicklung hinterließ letztlich eine ungelöste Frage über den Stellenwert des Sexuellen, da sich paradoxerweise das Bild des „lesbischen Kontinuums" (Adrienne Rich) und der Lesbe als dem ganz „anderen" der in zwangsheterosexuellen Strukturen verhafteten Frau herauskristallisierte, nicht aber Differenzen zwischen Frauen in bezug auf sexuelle Orientierungen besprochen wurden.

Der Feminimus der siebziger Jahre hat eine schiefe Entgegensetzung von politischem und erotischem Handeln hervorgebracht, die das Butch/Femme-Duo seiner Erotik und Spannung, seiner erotischen und verantwortlichen Aufeinanderbezogenheit, entkleidet hat. Mit dieser Entwicklung ging nämlich historisch die Abwertung von in Subkulturen existierenden lesbischen Identifikationsbildern wie das der Butch und der Femme durch den lesbisch-feministischen Diskurs selbst einher: das Bild der Femme stellte den Prototyp der ihre lesbische Identität verweigernden Frau dar, die nicht von der heterosexuellen Frau zu unterscheiden war, während die Butch einerseits zum Bild der männlich identifizierten und damit durch den Heterosexismus „falsch" sozialisierten Frau wurde. Implizit aber repräsentierte die Butch weiterhin das Bild der Lesbe als der außerhalb traditioneller Frauenbilder, jenseits heterosexistischer Geschlechterdifferenz Stehenden, da sie die Lesbe als „andere"„ sichtbar werden ließ.

Im Feminismus wurden nicht die Lesben akzeptiert, so hat dies Sabine Hark zusammengefaßt, „sondern das ‚magische Zeichen' (Katie King) ‚Lesbe', das politisch, sexuell und kulturell korrekte Wesen, die Trägerin des lesbisch-feministischen Bewußtseins" (Hark 1996, 107).

Die Renaissance und Neubewertung von Butch/Femme in den neunziger Jahren interessiert sich vornehmlich, und das ist das wichtigste daran, für die verschiedenen Repräsentationen lesbischer Sexualität, sei es, indem historische subkulturelle Phänomene wie in den zwanziger oder den vierziger und fünfziger Jahren untersucht werden, sei es, daß Butch/Femme nicht mehr als Rollen, sondern als regelrechte sexuelle und/oder geschlechtliche Identitäten reklamiert werden, sei es, daß sie Anlaß werden zu einer programmatischen Umwertung des Verhältnisses von Homo- und Heterosexualität.

Nach Entdeckung der Lipstick-Lesbe durch Trend-Scouts der neunziger Jahre scheint sich die Diskussion auf eine Frage der Lebensstile verlagert zu haben. Die Gefahr, daß diese Reduktion eine neue falsche Alternative zwischen Lifestyle und Politik heraufbeschwört, hat Arlene Stein im Titel eines Aufsatzes zu *style wars* und *new lesbianism* als prägnante Frage formuliert: „All dressed up, but no place to go?" (Stein 1992).

Eine der wichtigsten Publikationen für die Reklamierung von Butch/Femme als neue/alte geschlechtliche Identitäten ist wohl der sehr ausführliche, von Joan Nestle herausgegebene Reader zu diesem Thema *The Persistent Desire*, in dem wissenschaftliche Texte, *oral history*, Erfahrungsberichte und literarische Texte sich abwechseln. Hier entfaltet sich eine interne Diskussion um Differenzierungen zwischen Lesben der Arbeiterklasse und Lesben der Mittelschicht, zwischen weißen und schwarzen Frauen, zwischen Subkulturen, zwischen Sexualitäten. Emanzipativ gemeint und polemisch gegen die Ausgrenzung und Abwertung durch den vorwiegend von weißen Mittelschichtsfrauen getragenen lesbischen

Feminismus, versucht dieser Reader Identitäten und Begriffe zu reklamieren sowie Geschichte und Realität einzuklagen.

Programmatisch zu verstehen sind die Worte Joan Nestles, selbst eine bekennende Femme: „Flamboyance and fortitude, femme and butch – not poses, not stereotypes, but a dance between two different kinds of women [...] We who love this way are poetry and history, action and theory, flesh and spirit" (Nestle 1992, 14). Butch/Femme, so Nestle, ist die lesbenspezifische Art, Geschlechterdifferenz zu dekonstruieren und dabei die erotische Energie von Frauen zu reklamieren. Für Nestle stellt Butch/ Femme Geschlechterpioniere dar. Gegen die Vorstellung von Rollen, Klischees und Maskeraden klagt sie Identitäten ein als authentischen und vollen Ausdruck eines Selbst, frei nach dem Motto: „Butches are born, not made." So jedenfalls lautet ein Slogan des Readers, der allerdings nicht nur pathetisch gelesen werden kann, sondern auch als eine ironische Verdrehung des berühmten Diktums von Simone de Beauvoir: Man wird nicht als Frau geboren, sondern zur Frau gemacht. Auf diese Weise werden Begriffe und Namen zurückerobert und neu besetzt. Für Joan Nestle sind Butch/Femme-Beziehungen keine „unechten heterosexuellen Nachbildungen", sondern „komplexe erotische Aussagen" (Nestle 1987, 100 f.; Martin 1996, 58 ff.), die bestimmt sind von einer „zutiefst lesbischen Sprache aus Haltung, Kleidung, Gestik, Liebe, Tapferkeit und Autonomie" und keineswegs so einfach auf traditionelle männliche oder weibliche Rollenmuster zurückgeführt werden können. Vielmehr haben sie entscheidenden Anteil an der Konstruktion einer erotischen Kultur, die sehr wohl von politischer Relevanz ist, weil sie die Geschlechtsidentität bestimmende Konventionen verzerrt, unterläuft oder mißachtet, indem sie sexuelle Differenzen sichtbar macht. In Nestles eigenen Texten werden, so schreibt Biddy Martin, die Butch/Femme-Positionen zugleich wirklich und fließend, weil Nestle Wert darauf legt, zu vermitteln, „wieviel Zärtlichkeit in dem Verlangen der Butch liegt, zu nehmen, und wieviel Stärke in dem Verlangen der Femme, genommen zu werden" (Martin 1996, 63).

Die im Reader gewählten Selbst- und Fremdbeschreibungen schwanken allerdings von eindeutigen, unveränderlichen, einander ausschließenden Identitäten von Butch/Femme, wobei *ki-ki* die eher abschätzige Bezeichnung für Lesben, die sich nicht für die eine oder andere Identifikation entscheiden können, darstellt, bis hin zu einer Pluralisierung von Differenzen innerhalb eines Spektrums von Butch bis Femme mit verschiedenen Graden von *butchness* und *femmeness*; das klingt dann etwa so: *stone butch, butchy femme, femmy butch, ki-ki* (MacCowan 1992, 316). Man könnte an dieser Stelle spaßeshalber auch noch einige weitere Bezeichnungen hinzufügen, wobei auffällt, daß es sich um Synonyme für *butch* handelt: *tomboy, bull, bull dyke, bulldagger, dagger, dag, diesel dyke, drag butch, drag king.* Und man müßte diese Liste erweitern um alle möglichen Kombinationen als Beziehungsmustern. Lyndall MacCowan, die diese Butch/Femme-Skala zitiert, und Joan Nestle halten fest, daß im Zuge des lesbischen Feminismus der siebziger Jahre ungeachtet fortgesetzter, ausgelebter Identitäten, bzw. – und das füge ich jetzt dazu – ungeachtet der ikonischen Wirkung solcher Bilder in bestimmten Kontexten, die Bezeichnung *femme* fast ganz verschwand, während *butch* präsent blieb – innerhalb des feministischen Diskurses als abwertende Bezeichnung der (zu) männlich identifizierten Lesbe; im hegemonialen heterosexuellen Diskurs und in lesbischen Subkulturen jedoch mutierte die Butch zum Bild für jede als Lesbe identifizierbare Frau. MacCowan berichtet sogar, daß in den siebziger Jahren das Wort *femme* ganz aus dem feministischen Vokabular verschwunden, die Femme damit also unsichtbar gemacht wurde, während *butch* nach wie vor als Name weiter existierte (MacCowan 1992, 305). Jeanne Cordova geht sogar so weit zu sagen, die Butch sei eine Überlebende feministischer Rhetorik (Cordova 1992, 273).

Im Kontext der Rede über Butch/Femme als Identitäten ist jedoch keineswegs geklärt worden, wovon eigentlich die Rede ist: von einer Rolle (als wählbar, veränderlich, beliebig?) oder einer Identität (als Ausdruck eines angeborenen, wahren Selbst?), von einem Bild/Imago (als Vorurteil, Idee, Fiktion?) oder einer Praxis (als soziale Realität, politische Handlung?). Zu klären bleibt auch, inwiefern und auf welche Weise diese Kategorien zusammenhängen könnten. Diese Fragen hat Barbara Ponse – ungelöst – aufgeworfen (Ponse 1978, S.115).

Die wichtigste wissenschaftliche Neubewertung von Butch/Femme leisteten für den kulturwissenschaftlichen Kontext vor Judith Butler vor allem zwei Aufsätze von Esther Newton und Sue-Ellen Case. Esther Newtons Versuch einer Neubewertung der Butch-Figur in Radclyffe Halls berühmtem Roman *The Well of Loneliness*, der inzwischen wohl zur Grundausstattung einer lesbischen Sozialisation zählt, besteht darin, gegen die Rede vom Scheitern der Hallschen Beschreibung lesbischer Liebe die Leistung der Autorin historisch angemessener zu beschreiben. Sie argumentiert, daß lesbische Frauen, die um die Jahrhundertwende die sexualwissenschaftliche Definition der *mannish lesbian*, der Invertierten, als Selbstbild übernahmen, damit nicht einfach unbewußt und unreflektiert heterosexuelle Muster reproduzierten, sondern einen Ausweg aus dem asexuellen Modell romantischer Frauenfreundschaft (ihrer Müttergeneration) suchten. Die Figur der *mannish lesbian* ergab sich dann zwangsläufig daraus, daß in der Sexualwissenschaft und Psychoanalyse aktives sexuelles Begehren mit Männlichkeit gekoppelt war. Diese von Esther Newton aufgeworfene Perspektive ist immer noch von Interesse, wenn man davon ausgeht, daß die Psychoanalyse ein gültiges Bild des Phallozentrismus der westlichen Kulturen des 19. und 20. Jahrhunderts gegeben hat.

Sue-Ellen Case ersetzt in ihrem Aufsatz die bisherige Rede von Rollen, Identitäten oder Stilen durch den Begriff der Butch/Femme-Ästhetik. Damit macht sie den Weg frei dafür, die Butch/Femme-Beziehung nicht mehr unmittelbar ideologisch zu interpretieren, sondern sie zunächst zweckfrei als Konstruktion von *sex, gender* und *desire* mit spezifischem Bedeutungsüberschuß zu lesen und das Hauptaugenmerk auf das Funktionieren der Konstruktion selbst zu lenken. Case sieht Butch/Femme als „dynamisches Duo", das eben gerade nicht als Ausdruck feststehender Identitäten funktioniert, sondern als Verführung im und des Zeichensystems: „They are coupled ones that do not impale themselves on the poles of sexual difference or metaphysical values, but constantly seduce the sign system, through flirtation and inconstancy into the light fondle of artifice, replacing the Lacanian slash with a lesbian bar" (Case 1989, 283). Sue-Ellen Case zitiert Susan Sontags Einschätzung von *camp* als Art und Weise, die Welt als ästhetisches Phänomen zu betrachten, und das nicht in Begriffen von Schönheit, sondern von *artifice*, Künstlichkeit.

Auch Sally Munt begrüßt in dem von ihr herausgegebenen Band *New Lesbian Criticism* die Loslösung der Konstruktion der „Lesbe" von einem System kategorisierter Körper hin zum Bildlichen, das eine kritische lesbische Ästhetik erst ermögliche (Munt 1992). Eine solche Einschätzung scheint jedoch den Blick wieder auf die Oberfläche, bzw. oberflächliche Erscheinung zu lenken. Mit dieser Verschiebung des auch theoretischen Blicks beschäftigt sich ein Aufsatz von Lisa M. Walker mit dem Titel „How to Recognize a Lesbian. The Cultural Politics of Looking Like What You Are". Walker zufolge ist die Butch deshalb wieder interessant geworden, weil sie die Lesbe als das „andere" sichtbar mache; sie spricht von der „visibility as other" (Walker 1993, 869). Walker wirft auch der Theorie Butlers ein zu großes Vertrauen in die Sichtbarkeit vor. Butler stelle damit die Butch ins Zentrum ihrer Betrachtung und spreche der Femme letztlich jede lesbische Identität außerhalb der Butch/Femme-Ökonomie ab. Hier verstellt jedoch Walker mit dem Fokus der Sichtbarkeit den Blick auf das homosexuelle Begehren. Denn dem Bild der Femme könnte gerade aufgrund der vermeintlichen Unsichtbarkeit das größere subversive Potential zugesprochen werden. Der Begriff des Bildlichen meint keineswegs die Vorstellung eines realistischen Abbilds oder bloße Visualität und Sichtbarkeit; vielmehr geht es um die rhetorisch-performative Verfaßtheit.

Ganz anders sind die Ansätze, die die Lesbe jenseits von Figuren wie Butch und Femme als das ganz „andere" des heterosexistischen Diskurses entwerfen: sei es als ein Wesen jenseits von Frau und Mann wie etwa Monique Wittig, sei es als Verkörperung des „eccentric subject" wie Teresa de Lauretis. Hier rückt die Lesbe in einen quasi metaphysischen Zusammenhang. Diese Entwicklung ist kritisiert worden als eine neuerliche Entkontextualisierung und Verdrängung anderer Differenzen an den Rand (Zimmermann 1992, 7). Bonnie Zimmermann vermutet in dieser Metaphorisierung der Lesbe als privilegierter Bedeutungsträgerin sogar die letzte Version des wirkungsmächtigen Mythos radikaler und transgressiver Gegenkultur. Hat die Lesbe also tatsächlich die Position des letzten Geschlechts (oder des letzten Subjekts) in einem emphatischen Sinne eingenommen?

Judith Butler hat in *Das Unbehagen der Geschlechter* in diesem Zusammenhang von einer „Reinigung" der Homosexualität gesprochen als einer Art lesbischer Moderne; demgegenüber stehen jedoch, so Butler, zahlreiche lesbische und schwule Diskurse, „nach deren Verständnis die Lesben- und Schwulenkulturen in die umfassenden Strukturen der Heterosexualität eingebettet sind, auch wenn sie in einem subversiven oder resignifikatorischen Verhältnis zu den heterosexuellen kulturellen Konfigurationen stehen" (Butler 1991, 180). Butler selbst möchte als schwul-lesbische Perspektive gerade die Einsicht vorschlagen, daß Heterosexualität gleichzeitig ein Zwangssystem und eine wesenhafte Komödie, eine fortgesetzte Parodie ihrer selbst ist (Butler 1991, 181).

Astrid Deuber-Mankowsky hat treffend beschrieben, daß in der neueren *queer theory* Homosexualität als das interessiert, wofür sie als Zeichen steht, nämlich Homosexualität als „der sichtbare Beweis für die Nicht-Natürlichkeit der Heterosexualität" (Deuber-Mankowsky 1995, 81 f.). Nicht um die „Formierung und Behauptung einer neuen, eben Lesben- oder Schwulen-Identität" gehe es, sondern um die Verwirrung zwischen sexueller und geschlechtlicher Identität und um die „Dekonstruktion […] des Glaubens an jede Stabilität garantierende Identität" (ebd.). Damit rückt bei Butler die Verwirrung von Geschlechtsidentität in den Vordergrund: „Nicht die Lesbe interessiert, sondern die butch, die

Frau, die als Mann auftritt; die femme, die Frau, die von einer butch als Frau begehrt sein will; – auf der Männerseite ist es der drag, der verweiblichte Schwule, der sich als Frau ausgibt" (ebd.).

Judith Butlers Dekonstruktion des Lesbianismus als Geschlechtsidentität und gleichzeitige Rekonstruktion der Figuren Butch/Femme bezieht sich wohl auch darauf, daß ein metaphorisierendes „Othering" von Geschlechtsidentität mit Hilfe der Lesbe auf Bilder von Butch/Femme angewiesen ist, in denen Geschlechterdifferenz „invertiert", d.h. in sich verkehrt, aufgehoben ist.

Schon Sue-Ellen Case hatte Butch/Femme mit Jean Baudrillard als „Hypersimulationen" der Frau, wie sie in der Freudschen Psychoanalyse konstruiert wurde, beschrieben. Sich auf eine psychoanalytische und feministische Diskussion der Maskerade beziehend, definiert Case Butch/Femme folgendermaßen: „The butch is the lesbian woman who proudly displays the possession of the penis, while the femme takes on the compensatory masquerade of womanliness." Geschlechtsidentitäten als Maskerade-Effekte zu beschreiben erscheint deshalb als adäquat, weil Maskerade einerseits dazu tendiert, im Bedeutungsprozeß dem, was sich vermeintlich hinter der Maske versteckt, wesenhaftere, ursprünglichere und natürlichere Eigenschaften zuzuschreiben, andererseits aber in der Verdeckung genau diese Bedeutung verunsichert, bzw. immer die Möglichkeit einer anderen Bedeutung, der Verschiebung einer Bedeutung, transportiert. Damit wird in der Maskerade ein Differenzmoment inszeniert, das gegen einen der hartnäckigsten Mythen über homosexuelles Begehren gewendet werden kann: den Mythos der Liebe von Gleich zu Gleich, der die erst junge historische Konstruktion der Begriffe Homo- und Heterosexualität völlig ausblendet.

Gerade Butch und Femme also subvertieren in diesem Sinne die Konstruktion weiblicher Homosexualität als narzißtische Liebe und lesbischer Identität als per se einheitsstiftend. Gerade weil die Butch/Femme-Konstellation sich nicht mit einer simplen Entgegensetzung von Homosexualität versus Heterosexualität verrechnen läßt, wird an ihr eine ständige Über- und Durchkreuzung von

Geschlechtsidentitäten (so wie sie im 19. und 20. Jahrhundert diskursiv konstruiert wurden) lesbar. Eine solche Durchkreuzung aber ist der Ort, an dem die vom hegemonialen sexuellen Diskurs ausgegebenen normierten Identitätskonstruktionen fließend werden, an dem ihre dominierende Bedeutung in Frage gestellt ist und sich die Positionen von Zentralität und Marginalität verwirren, sich kulturelle Orte verschieben. Denn Butch und Femme sind in einer (Sub-)Kultur situiert, in der nicht nur die Kategorie „Geschlecht" ins Wanken gerät, sondern auch die Kategorien Klasse und „Rasse" eine spezifische Rolle spielen.

Umgekehrt funktionieren aber auch ikonische Bilder wie die der Butch und der Femme innerhalb einer übergreifenden symbolischen Ordnung; ihre Macht, Kraft und Spannung erhalten sie gerade aus den Bedeutungskonstruktionen und dem imaginären Überschuß an den Schnittstellen des herrschenden kulturellen Diskurses und der Subkulturen, nämlich von der Möglichkeit, so oder so gelesen werden zu können. „Die Termini Tunte, butches, femmes, girls, ja sogar die parodistische Wieder-Aneignung von dyke, queer und fag" – so schreibt Butler –, „destabilieren die Geschlechtskategorien und die ursprünglich abschätzig gemeinten Kategorien homosexueller Identität und setzen sie anders wieder ein" (Butler 1991, 181). Die Vorstellung, daß Butch und Femme Reproduktionen oder Kopien heterosexueller Beziehungskonstellationen sind, unterschätze die erotische Bedeutung und die sexuelle Spannung, die die invertierten Figuren Butch und Femme in der Verschiebung herstellten (Butler 1991, 182 f.).

Identitäten als Figuren betrachtet, so Butler, können verschoben werden und die hegemonialen Kategorien verschieben: „Bezeichnenderweise können sich sowohl der sexuell bestimmte Körper als ‚Grund' wie auch die Identität der Butch oder Femme als ‚Figur' verschieben, umkehren und erotische Verwüstungen aller Art erzeugen" (Butler 1991, 182). Sie können als solche Verschiebungen gelesen werden, da sie nicht nur ihre eigene, sondern mit dieser auch die Imitationsstruktur heterosexuellen Begehrens offenlegen. Daher sind sie nicht als homosexuelle

Kopien eines heterosexuellen Originals zu betrachten, das eigentlich den verfehlten Versuch darstellt, ein phantasmagorisches Ideal zu kopieren, sondern als Kopie der Kopie: Butch/Femme also als eine Folge von Zitaten, die zur Kopie verführen, nicht aber zu einem Original zurückführen. Damit führt Butch/Femme nur mit besonderer Deutlichkeit vor, weshalb Geschlechtsidentität ein Schauplatz des notwendigen Unbehagens und des Genusses, ein Schauplatz der Anfechtung und der Revision ist. Mit ihr entsteht erst als Effekt das, was das Subjekt ausmacht. Geschlechtsidentität, so Butler,

> ist performativ in dem Sinne, daß sie das Subjekt, das sie zu verwirklichen scheint, als ihren eigenen Effekt erst konstituiert. Eine obligatorische Performanz ist sie in dem Sinne, daß den heterosexuellen Normen zuwiderlaufende Handlungen Ächtung, Bestrafung und Gewalt mit sich bringen – vom Genuß der Übertretung, den eben diese Verbote mit sich bringen, ganz zu schweigen.
>
> (Butler 1996, 30)

Bubis und Damen

Die zwanziger Jahre

Kirsten Plötz

Wie sie auftraten, wie sie sich selbst und einander empfanden und wo die Differenzen lagen – dazu sollen hier die Freundinnen der zwanziger Jahre selbst zu Wort kommen. In den Zeitschriften, die für lesbisch lebende Frauen herausgegeben und von ihnen zumindest mitgestaltet wurden, sind zu diesen Themen etliche Beiträge erschienen. So waren gleich in der ersten Ausgabe der bekanntesten dieser Zeitschriften, der *Freundin*, programmatische Äußerungen der verantwortlichen Redakteurin zu lesen:

Wenn man einmal Zeuge sein darf, was für ein Urteil sich Uneingeweihte über die homosexuelle Frau bilden, dann stellt man sich [...] eine Frau niedrigster Sorte vor. [...] Und wie ganz anders ist es doch in Wirklichkeit. [...] Es gibt zwei Arten von homosexuellen Frauen. Die virile – d.i. männliche – und die feminine – d.i. weibliche – Frau. Die Virile zeichnet sich vor allen Dingen durch ihre Selbständigkeit, durch ihr sicheres Auftreten aus. [...] Man ist oft erstaunt, was *solche Frau leistet und wieviel Verantwortung sie trägt. [...] Obwohl sie sich in ihrem Beruf oft mit einem Mann messen kann, hat sie doch meistens für den Haushalt kein Verständnis. Es verdient noch gesagt zu werden, daß eine virile homosexuelle Frau anderen Frauen stets mit Artigkeit entgegenkommt und nicht selten die Rolle eines Beschützers übernimmt. [...] Sie nimmt nicht die erste beste, die ihren Weg kreuzt, sondern sie prüft reiflich, ob die Frau, mit der sie Freundschaft zu schließen gedenkt, überhaupt für sie in Frage kommt, ob sie ihr Innenleben versteht. [...] Die feminine Frau ist ganz das Gegenteil der eben geschilderten. Echt weiblich. Ihr fehlt die gewisse Selbständigkeit. Sie ist durch und durch Frau, von zartem Wesen und anschmiegendem Charakter. Aber dafür eine gute Hausfrau mit viel Geschick und oft ausgezeichnetem Schönheitssinn. [...] Und wenn sich nun eine virile Frau mit einer femininen zusammenschließt, um gemeinsam den Lebensweg zu beschreiten, ist es nicht viel mehr hochzuachten, als wenn sich eine dieser Frauen einem Mann zu eigen gibt, um mit ihm eine unglückliche Ehe zu führen [...]?*

(Nr. 1/1. Jahrgang/1924)

Es ist unschwer zu erkennen, womit sich die Redakteurin identifizierte. Hier fällt auf – wie übrigens auch in vielen anderen Beiträgen über Rollenverteilung in lesbischen Beziehungen –, daß die femininen Frauen seltsam blaß beschrieben sind; so recht vorstellbar werden sie nicht. Nebenbei bemerkt, redeten in den zwanziger Jahren wohlwollende Menschen nicht (wie zur Zeit) von Lesben, sondern von gleichgeschlechtlich liebenden Frauen, homosexuellen Frauen, Freundinnen, Homoerotinnen, Invertierten oder Artgenossinnen. Lesbische Paare mit Rollenverteilung wurden als Bubis und Damen, Muttis und Vatis, feminine bzw. weibliche und virile bzw. männliche Frauen beschrieben, die miteinander Freundschaft schlossen.

Viele dieser Begriffe waren eng verbunden mit den Ansichten von Sexualwissenschaftlern. Bereits im vorigen Jahrhundert hatten Mediziner und Psychiater das Phänomen des gleichgeschlechtlichen Begehrens untersucht. Sie gingen davon aus, daß das heterosexuelle Begehren normal sei, während, wie sie sagten, das conträrsexuelle bzw. homosexuelle Verlangen eine angeborene Anormalität sei. Dementsprechend gebe es, durch die Vererbung bestimmt, Homosexuelle und Heterosexuelle. Das wurde zum Teil geschlechtsneutral formuliert, aber im wesentlichen hatten die Wissenschaftler dabei Männer im Blick und nur selten Frauen. Genaugenommen bildeten die Ableitungen von Forschungen an Männern zusammen mit den Untersuchungen an weniger als fünf Frauen die Grundlage, von der Vererbung lesbischen Begehrens auszugehen. Von der Frage der Beweisbarkeit einer solchen Theorie einmal abgesehen, ergab dieses Erklärungsmodell durchaus Sinn: Wenn ein Verhalten biologisch festgelegt ist, kann es weder Krankheit noch Laster oder Verbrechen sein. Etliche Sexualwissenschaftler, zum Teil selbst schwul empfindend, engagierten sich denn auch für die Abschaffung des §175 StGB. Und sie legten fest, daß ein lesbisches Paar von einer femininen und einer maskulinen Frau gebildet zu werden habe. Während letztere als echte Abnorme galten, unterstellten viele Sexualwissenschaftler ersteren, ihnen wäre es nicht wichtig, ob sie mit einem biologischen Mann oder mit einer männlichen Frau liiert seien.

1928 wurden diese Theorien mit dem Klassiker *Quell der Einsamkeit* in Romanform übersetzt; das Vorwort schrieb ein führender englischer Sexualwissenschaftler. Mit diesem Roman sollte die heterosexuelle Umwelt dazu aufgefordert werden, Invertierte weder zu verurteilen noch zu bekehren, sondern mitleidig zu dulden. Zum Mitleid hatten sie auch jeden Anlaß: Radclyffe Hall ließ die homosexuellen Frauen an ihrer „Veranlagung" leiden und sich damit quälen, daß sie sich als verhinderte Männer empfanden und daß ihre femininen Geliebten biologische Männer letztlich vorzogen. Schließlich stirbt die Hauptperson, Stephen Gordon, in der Einsamkeit.

Diese Ideen stammten im wesentlichen aus dem 19. Jahrhundert. Aber erst in den zwanziger Jahren bekamen sie massenhaften Zuspruch. Mit der Republik ab 1918, in der von der Architektur über das Freizeitverhalten bis hin zur Sexualität in fast jedem Lebensbereich neue Ideen verbreitet wurden, setzte sich die Vorstellung angeborener Homosexualität in Teilen der Wissenschaft durch und wurde auch von den neu entstandenen Massenbewegungen der Artgenossinnen und -genossen verfochten. Die bedeutendste dieser Organisationen war der Bund für Menschenrechte (BfM), der nach eigenen Angaben zeitweilig 48 000 Männer und Frauen umfaßte – die größte jemals existierende Organisation der gleichgeschlechtlich Liebenden.

Dem BfM stand die *Freundin* nahe, die ebenfalls die sexualwissenschaftlichen Ansichten über lesbische Liebe vertrat. Was die Homosexualität der femininen Frauen anging, war hier allerdings keine einheitliche Linie festzustellen. So erschien z.B. eine sehr positiv erzählte Kurzgeschichte, in der eine „normale" Frau sich – zusammen mit ihrem Verlobtem! – in Lokale für Artgenossinnen vorwagte und sich dort in eine virile Frau verliebte. In etlichen Kurzgeschichten und Gedichten wurde dagegen kein Wort darüber verloren, ob die beschriebenen Frauen überhaupt zum Maskulinen, Femininen oder Androgynen tendierten. Und in dem eingangs zitierten Artikel wurde die feminine Frau als Artgenossin angeführt. Dieser Artikel erschien, leicht verändert und um den Aufruf erweitert, die Leserinnen möchten ihre Meinung dazu äußern, noch einmal 1927. Jedoch waren den Leserinnen offensichtlich andere Fragen als die der Rollenverteilung näher. In ihren Antworten beschäftigten sie sich z.B. mit der Einsamkeit in der Provinz, mit der Intoleranz der Familie gegenüber der lesbischen Liebe und den Qualen, denen ein Teil von ihnen als verheiratete Frauen ausgesetzt war. Die Ehe war generell ein brisantes Thema in der *Freundin*. Im Laufe der Jahre erschienen einige Beiträge, die um Verständnis für jene Frauen warben, die aus Unkenntnis ihrer Veranlagung oder wegen des (zum Teil finanziellen) Drucks der Familie geheiratet hatten. Andere wiederum verlangten, Ehefrauen grundsätzlich aus ihren Kreisen auszuschließen, weil sich sonst durch deren verheerenden Einfluß keine Klubs halten könnten. Viele Leserinnen lehnten verheiratete – und bisexuelle – Frauen als Partnerinnen ab, wie z.B. Clara K. aus Essen: „Also Hände weg von verheirateten, bisexuellen Frauen und solchen Ledigen, die auch noch dem Manne gehören! Hände weg von jenen Zweinaturen, die aus Lust an der Wollust beide Geschlechter genießen! – Sie treten unsere Liebe in den Schmutz!" (Nr. 15/ 1930). Kein Zweifel, einige Artgenossinnen wollten nicht mit einer Frau Freundschaft schließen, die sowohl mit Männern als auch mit Frauen liiert waren – eine klare Absage an das Modell der oben genannten Sexualwissenschaftler.

Mit weniger Emotionen beladen war die Kleiderfrage. In einem Artikel über Mode erklärte eine Autorin der *Freundin*: Grundsätzlich gelte für die Trägerin von „Herrenschnitten", daß nur Kleidung in Frage käme, die

männlicher Art ist: Rock, Bluse und in ähnlichem Stil gehaltene Kleider aus kompakten Stoffen. [...] Selbstverständlich ist, daß zu der erst beschriebenen Kleidung Herrenhüte aus Stroh oder leichtem Filz, Sportmützen, Wagnerkappen usw. getragen werden müssen. [...] Für die virile homosexuelle oder transvestitisch veranlagte Frau kommt natürlich ein Hosenkostüm, eigentlich jeder männliche Sportanzug für die Öffentlichkeit in Frage. Sehr passend sind die halblangen Pumphosen, die in Amerika von den vielen männlichen Frauen allgemein als beliebter Straßenanzug getragen werden. Auch halte ich Sportröcke, am Taillenbund sehr lose mit Hosenträgern gehalten, von den gröbsten bis zu den feinsten aus Seidengurt, darunter Sporthemd oder Bluse, sehr geeignet. Unter diesem Rock, der vorn von oben bis unten zum Knöpfen ist, kann man ja eine Sporthose tragen. (Nr. 15/1927)

Zum Schuhwerk bemerkte sie, es sei „ein furchtbarer Anblick, wenn die Trägerin männlicher Kleidung auf hohen oder schmalen

Absätzen einhergeht." Scheinbar kam das vor. Bedeutend unkomplizierter war offenbar die Kleiderfrage für Frauen mit Bubikopf: Sie können „alles das in vergrößertem Maße tragen, was man den eleganten Kindern beiderlei Geschlechts anzieht." Den femininen Frauen mit langen Haaren galt nur ein einziger Satz: „Eine Frau, die ihr Haar noch lang trägt, soll wiederum alles Männliche aus ihrer Kleidung fernhalten" (Nr. 15/1927).

Zusammenfassen lassen sich diese Ratschläge so: Während Frauen mit dem hochmodernen Bubikopf freie Wahl innerhalb der Kindermode zugestanden wurde, wurde den Frauen mit langen Haaren nur geraten, was sie nicht tun sollten. Ausführlich wurde es nur bei den Virilen. Das legt den Verdacht nahe, daß die Verfasserin dieser Modetips letzteren gegenüber die größte Sympathie hegte. Aber es kann auch damit zusammenhängen, daß diese am stärksten mit der herrschenden Mode brachen und Ratschläge deshalb am nötigsten brauchten. Gerade die Liebe zum Detail weist doch darauf hin, daß vermutlich einige Unsicherheit darüber bestanden haben muß, wie sich eine „männliche" Frau präsentieren sollte. Tatsächlich war einigen das „männliche" Äußere der anderen unangenehm, z.B.: „Ihr Frauen, die Ihr selbst in so starkem Maße von Eurem vermeintlichen Mannestum überzeugt seid, vergeßt nicht, daß Ihr dies nur ganz unter Euch frei und offen zeigen dürft" (Nr. 49/1931). Vielleicht sagten dieser Leserin die Rollenvorstellungen nicht zu; vielleicht aber fürchtete sie auch die Verachtung der heterosexuellen Umwelt.

Das Ausleben viriler Neigungen war nicht nur in bezug auf die Kleidung schwierig. Ein nicht zu unterschätzendes Problem war auch die Arbeitswelt, über die eine Redakteurin der *Freundin* feststellte:

> *viele unserer Frauen haben eine Beschäftigung, die ihnen widerstrebt, die ihnen das Leben verleidet. Die Mutter einer meiner Freundinnen z.B. drängte das Mädchen zum Beruf einer Wäscherin und Plätterin. Wie muß diese Beschäftigung einer viril gearteten Frau zuwider sein! Eine andere ist in der*

Konfektion, die dritte ist Köchin, wieder eine andere Kran-
kenschwester, alles ausgesprochen weibliche Berufe, in welche
die Eltern oder die äußeren Lebensnotwendigkeiten diese
Frauen gezwängt haben. (Nr. 23/1927)

In der nächsten Ausgabe betonte die Leserin Erna Hiller, tatsächlich sei die homosexuelle Frau von ihrer Triebrichtung her dazu
bestimmt, „männliche" Berufe wie Ärztin, Chemikerin oder kauf-
männische Berufe zu ergreifen. Das sei keine Frage der Emanzipation, sondern ein *„Zustand –* ein so *Seinmüssen"* (Nr. 24/1927).
Interessanterweise widmete Erna Hiller den weniger „Männlichen" kein Wort. War sie der Meinung, dieses Bedürfnis nach
„männlichen" Berufen gelte auch für jene? Oder empfand sie nur
die viril Auftretenden als Homosexuelle?

Ausgesprochen heikel wurde es für Bubis und Damen, wenn es
um die Gestaltung einer Freundschaft ging. Brachte der feminine
oder der maskuline Part Privilegien mit sich? Wie verhielt sich ein
Bub idealtypisch? Wie eine Dame? Leidenschaftlich wurde diese
Frage anhand der Vorstellungen über Treue diskutiert, ausgelöst
durch einen Artikel in der Zeitschrift *Garçonne,* dem Kokurrenz-
blatt der *Freundin.* Die lesbische Gemeinde der Mitarbeiterinnen
und Leserinnen der *Garçonne* war sich in diesen Fragen keineswegs einig.

Unter dem Titel „Die Treue der maskulinen und die der femininen Frau" schrieb Käthe Wundram, sie möchte,

so paradox es klingen mag, der maskulinen und auf Grund
ihrer männlichen Einstellung polygameren Frau in Puncto
Treue den Vorzug geben, denn polygame Neigungen beweisen
schließlich nur den Drang, erobern zu müssen, sind aber kei-
neswegs mit wirklicher Untreue, die sich am schlagendsten in
dem absoluten Mangel an Anhänglichkeit offenbart, zu iden-
tifizieren. Gehen wir nur einmal einer Frauenfreundschaft,
die, wie in den überwiegenden Fällen, von einer virilen und
einer femininen Homoerotin gepflegt wird, genauer nach

41

[...] Mit der stärkeren Aktivität ihrer femininen Geschlechts-
genossin gegenüber besitzt die maskuline Frau, als der
wählende und werbende Teil, auch die ausgeprägtere Fähig-
keit, von vornherein den sie auf die Dauer fesseln könnenden
Partner zu erkennen [...] [und sie] gewissermaßen als
erkämpftes Eigentum zu betrachten. Deshalb hielt die
„männlichere Schwester" an der Beziehung grundsätzlich fest,
und ihre Seitensprünge wären „immerhin auf ihre geistigere
Beweglichkeit zurückzuführen.

(Nr. 15/1931)

Nicht zu vergessen, daß ihr „geistiger Horizont für gewöhnlich
ungleich weiter gesteckt ist, und sie sich daher auch in anderen,
vorzugsweise öffentlichen Dingen, wie Politik, Literatur usw., zu
erschöpfen vermag". Dagegen die weiblichere Frau, bei der

es sich, wie in den meisten Fällen, nur um kleinliche Natu-
ren handelt [...] Die feminine Frau ist, trotz ihrer Passivität,
der stärkere Sinnenmensch. Ihr ist die Liebe [...] ausschließ-
licher Lebenszweck. [...] Nach all dem Gesagten ist der
Untreue der femininen Frau eine erheblich stärkere Bedeu-
tung zuzumessen, denn der der maskulinen Geschlechtsgenos-
sin. Sich einmal anderweitig fortgegeben habend, findet
erstere kaum mehr zu der früheren Geliebten zurück. [...] In
der rechten Erkenntnis dieser Wesenszüge der femininen Frau
vertritt daher die virile Homoerotin den so häufig als einsei-
tig und unberechtigt belächelten Standpunkt, daß es ihr
erlaubt sei, was sie der weiblicheren Geliebten nicht zugeste-
hen könne.

(Nr. 15/1931)

Kein Zweifel, hier hatte sich die Autorin ein stark polarisiertes
Rollenmodell, dem heterosexuellen Gegenstück entliehen, angeeignet. Wieweit eine solche Zuordnung von Geschlechtscharakte-
ren in den zwanziger Jahren in der heterosexuellen Sphäre noch
befürwortet oder aber reformiert wurde, soll in diesem Zusam-

menhang dahingestellt bleiben. Jedenfalls ist die Verachtung Käthe Wundrams gegenüber dem „Weiblichen" genausowenig zu übersehen wie die ausdrücklich positive Beschreibung dessen, was sie als männlich erkannte. Diese scharfe und wertende Abgrenzung stieß auf verhaltene Zustimmung wie auch auf empörte Proteste.

Aufgebracht antwortete z.B. Lo Hilmar, die sich als feminine Frauenliebhaberin empfand. Käthe Wundrams Haltung sei

die Ansicht der sogenannten „Normalen": Dem Manne ist alles erlaubt, die Frau dagegen hat den Mund zu halten, sie ist ja nur eine Frau, ein untergeordnetes Wesen. [...] Der berühmte Kampf der Geschlechter! Und nun soll dieser Kampf auch noch auf uns andersgeartete Frauen ausgedehnt werden, wir sollen uns gewissermaßen in unseren eigenen Lagern befehden und stark einteilen zwischen den Rechten und Pflichten der maskulinen und denen der femininen Frau, wobei wir femininen Frauen natürlich wieder einmal bedeutend schlechter wegkommen. Die Rechte werden der angeblichen besseren Hälfte, also dem männlichen Teil, in reichem Maße vorbehalten sein, während uns, der weiblichen Partnerin, nichts als Pflichten verbleiben. [...] Haben Sie sich noch niemals Gedanken darüber gemacht, daß so manche Frau wohl zu ihresgleichen flüchten mag, weil sie den männlichen Beherrschungstrieb, diese himmelschreiende Ungerechtigkeit der geschlechtlichen Gegensätze, einfach nicht mehr ertragen kann? [...] Was wissen Sie von uns, die wir tagein, tagaus an unserer einmal gefaßten Zuneigung zu einer Artgenossin maskulinen Wesens festhalten, wie wir jede Untreue, jede uns zugefügte Beleidigung und Qual still hinnehmen und warten und wieder da sind, sobald unsere Liebes-Partnerin mehr oder weniger reumütig zurückkehrt! Was wissen Sie von den immer wiederkehrenden Enttäuschungen, die uns krank und bitter machen, die uns aufzehren! [...] Sie wissen nichts von uns, das fühle ich, Sie

hatten nicht das Glück, einer solchen Vertreterin unserer Art
begegnet zu sein. (Nr. 18/1931)

Dagegen stimmte die Hauptschriftleiterin der *Garçonne*, Karen,
dem umstrittenen Beitrag teilweise zu – allerdings nur, wenn die
Partnerin der maskulinen Frau eine „Normale" sei. Bei allen dauerhaften Frauenfreundschaften jedoch hätten „beide Teile männlichen Einschlag", und so fragte sie: „Wie aber, wenn die Partnerin der maskulinen Frau auch eine homo- bzw. bi-sexuelle Frau
ist?" Dort, so Karen, käme es vor, daß die weiblichere der beiden
die größere Beweglichkeit zeige und die männliche Frau die
schwerfällige sei. Also sei auch die Untreue anders zu werten.
Grundsätzlich war Karen allerdings der Meinung:

> *je männlicher eine Frau in ihrer ganzen Persönlichkeit ist,*
> *um so […] zäher hält sie zu einer einmal gewonnenen Freun-*
> *din. Sie kämpft gewissermaßen ihr Leben lang um den unbe-*
> *strittenen Besitz der Geliebten. Eigentlich ist das richtig und*
> *wünschenswert, denn die Liebe bleibt frisch dabei und Kör-*
> *per und Seele lebendig.*
> (Nr. 17/1931)

Eine der Teilnehmerinnen dieser Debatte hielt „es für etwas
gefährlich, diesen bewußten Gegensatz ‚männlich – weiblich' zu
konstruieren und betonen zu wollen. Schon in den allgemeinen
Beziehungen der Geschlechter untereinander finde ich ihn verkehrt – muß er es in diesem speziellen Falle nicht ebenfalls sein?
[…] Die sogenannte ‚Herrenmoral' erschien mir immer höchst
falsch. […] Der Standpunkt: Mensch zu Mensch – also die stärkere Betonung des Kameradschaftlichen und damit der Gleichberechtigung – wird sich auf Dauer in jeder Liebesbeziehung […] als
das wertvollere und bindende Moment erweisen." Trotz ihrer
Absage an polarisierte Rollenverteilungen betonte sie, es läge ihr
„fern, mich in einen Gegensatz bringen zu wollen", und sie
„erkenne alle Argumente, die Käthe Wundram anführt, an"

(Nr. 19/1931). Das scheint mir doch ein eklatanter Widerspruch zu sein.

Der umstrittene Beitrag von Käthe Wundram wurde durchaus nicht von all denen begrüßt, die daraus Vorrechte hätten ableiten können. Carlo Oschatz z.b., eine „ausgeprägte Vertreterin des maskulinen Typs", führte aus:

> *die Beziehungen zwischen Liebenden sind viel zu individuell, um verallgemeinert werden zu können. […] Genügt die Macht der Persönlichkeit nicht, den Partner zu fesseln, so ist ein Entgleiten unvermeidlich. Die maskuline oder feminine Art ist dafür nicht immer ausschlaggebend. Beide sind unbedingt gleich zu werten in ihren Ansprüchen an die gegenseitige Achtung. Beiden muß freieste Entfaltung ihrer Veranlagungen und ihrer Persönlichkeit erlaubt sein.*
>
> *(Nr. 21/1931)*

Offensichtlich wütend kritisierte Ilse Schwarze, die sich ebenfalls als maskuline Frau klassifizierte, den Standpunkt Käthe Wundrams als „ebenso anmaßend wie bequem". Besonders empörte sie sich über die Mutmaßung, der geistige Horizont der männlichen Frau sei weiter gesteckt:

> *Ist Männlichkeit gleichbedeutend mit Intelligenz? Ich glaubte, man wäre darüber hinaus, die Frau als minderwertig zu betrachten und den Mann als Krone der Schöpfung hinzustellen, aber wenn die Seitensprünge der männlichen Frau damit entschuldigt werden, daß sie eben ein „Ausfluß ihrer hervorstechenden Männlichkeit" sind, dann wäre ja die Tatsache, daß der Mann, in unserem Falle die männliche Frau, weit über ihrer weiblichen Freundin steht, und sich eben deshalb alles gestatten kann, was ihr paßt. […] Wo bleibt die Kameradschaft? […] Ist es schön, daß die Männer in „normalen" Ehen ihre Frauen betrogen? – Sich das Recht dazu nehmen, weil sie eben Männer sind? Ist es unbedingt nötig,*

daß die männliche Frau sich diesen anmaßenden Standpunkt
zu eigen macht? *(Nr. 20/1931)*

Dieser heftige Angriff einer virilen Artgenossin rief einen erregten Protestartikel hervor. Thea Neumann, die die Position Käthe Wundrams verteidigte, bezeichnete Ilse Schwarze als „impulsive Schwärmerin" und attestierte ihr „fromme Einfalt". Naiv fand sie die Vermutung, „angeborene Gegensätze zwischen den Partnerinnen" seien zu überbrücken. Obwohl sie selbst, ihrer Einschätzung nach, objektiv und wissenschaftlich argumentierte, blieb sie den Beweis schuldig, wie Gegensätze in den Geschlechterrollen den Freundinnen angeboren sein sollten. Oder hielt sie die weiblicheren Frauen nicht für echte Artgenossinnen? Wie auch immer, davon ausgehend stellte sie die Frage: „Wenn die Begriffe: männlich – weiblich, unter Frauen, einerseits als zu Recht bestehend anerkannt werden, wie kann man andererseits jeder markanteren Charakteristik des weiblichen oder männlichen Partners die Berechtigung absprechen?"

Daß der Streit im wesentlichen darum geführt wurde, auf welche Weise diese Begriffe inhaltlich gefüllt werden sollten, ignorierte sie damit. Sie selbst definierte die „markante Charakteristik" bezüglich der Treue so, daß einen Seitensprung der weiblicheren Freundin

> *die männliche Frau – ob das gerecht oder ungerecht wäre, ist*
> *dabei nebensächlich – nicht verzeihen könnte. In ihr ist etwas*
> *zerschlagen worden, etwas Stützendes, Tröstendes, das sie*
> *bewußt oder unbewußt an die Andere band – der Glaube an*
> *deren Reinheit, Mütterlichkeit und Kraft zur Vergebung –*
> *Eigenschaften, die sie selbst nicht besitzt, und deren sie, zu*
> *ihrer Ergänzung, seitens der weiblichen Freundin bedarf.*
> *(Nr. 22/1931)*

Immerhin räumte sie ein, daß es auch Frauenpaare gebe, die nicht derartig an Geschlechtscharaktere des 19. Jahrhunderts erinnern: „Es soll nicht bestritten werden, daß es auch hier wie überall

Schattierungen gibt, Liebesbünde, die von Partnern mit kaum ausgeprägter Eigenart und mehr kameradschaftlichen Qualitäten geschlossen werden; aber diese stellen schließlich nur eine Minderheit dar" (Nr. 22/1931).

Alles in allem war es eine sehr lebhafte Debatte, die über Monate hinweg auf der ersten Seite der *Garçonne* geführt wurde. Obwohl sich die meisten Beteiligten auf Unterschiede zwischen femininen und maskulinen Freundinnen beriefen, gingen die Interpretationen dieser Differenzen doch weit auseinander. Sicherlich, die ursprüngliche sexualwissenschaftliche Idee der Rollenverteilung war eine starre und dichotome Konstruktion. Aber dieses Modell in den Alltag zu übersetzen, ließ viel Spielraum für individuelle Gestaltung. Das zeigen die hier angeführten Auszüge aus den Zeitschriften sehr deutlich, und dabei repräsentieren sie nur einen Teil der lesbisch lebenden Frauen in den zwanziger Jahren: diejenigen, die der Emanzipationsbewegung und deren Grundlagen nahestanden, die Zeitschriften mitgestalteten oder lasen und sich dort einmischten. Kurz gesagt: Ob sich also eine lesbisch lebende Frau als Bub oder Dame begriff, irgend etwas dazwischen wählte oder auf diese Rollen verzichtete, wie sie sich in einer Freundschaft verhielt, welche Kleidung sie trug und welchen Beruf sie ausübte – all das war sehr bunt und vielfältig.

Wildfang Femme

Carolyn Gammon

Schaut her! Jen, Mama, schaut her! Ich springe!" Rums! Wildfang Carolyn ist gerade von einem Ast aus vier Meter Höhe gesprungen. Sie rollt sich auf dem Boden ab, als würde sie sich von einem langen Cape befreien, das hinter ihr herschleift. Mit schmerzvollem Stechen im Knöchel steht sie breitbeinig da, zwinkert die Tränen weg, reißt die Arme hoch und brüllt: *„Ta Taaa!"*

Ihre Mutter und Schwester Jen schauen kaum hin. Es war mindestens der zehnte „Fallschirmsprung" an diesem Tag. Carolyn wurde gesagt, daß sie, falls sie jemals einen wirklichen Fallschirmsprung machen wolle, einen freien Fall aus vier Meter Höhe bewältigen müsse. Sie strebte nach immer höheren Ästen. Mit acht hatte sie aber noch ein paar Jahre des Übens vor sich, bevor sie ihren Traum verwirklichen konnte.

Ich wuchs auf wie viele Lesben: als Wildfang. Meine älteren Brüder führten mich in die Welt der großen Jungs ein. Ich wurde zur Salamanderjagd mitgenommen, und sie haben mir beigebracht, wie man eine Ringelnatter hinter dem Kopf so packt, daß sie sich nicht herumwinden und beißen kann, wie man eine schnappende Schildkröte am Schwanz hält, damit sie einem nicht den Finger abbeißt, und wie man vorsichtig Froschlaich einsammelt, damit er sich zu Hause zu Hunderten kleiner Kaulquappen entwickelt und dann später zu kleinen Fröschen. Mein Bruder und ich spielten Ingenieur und bauten Dämme in den vom Schmelzwasser angeschwollenen Gräben, leiteten Wasserwege um und schufen kleine Stauseen. Schlamm bis an den Rand meiner Gummistiefel – dies war mein Kindheitstraum. Ältere Brüder waren ganz praktisch, denn sie reichten ihre abgelegten und heiß geliebten Shorts, Jeans, Flanellhemden und Jacken immer an mich weiter.

Meine Schwester und ich waren in der Schule ein Jahr auseinander und wurden oft für Zwillinge gehalten. In Jungenshorts rannten wir vergnügt durch das Haus, Papierpenisse mit Sicherheitsnadeln an den Schlitz geheftet. Wir taten so, als könnten wir im Stehen pinkeln – ein Kunststück, das wir jeden Sommer vorgeführt bekamen, wenn die Jungs um den weitesten, höchsten und gezieltesten Strahl konkurrierten. Mama muß gesehen haben, wie ihre süßen, Zöpfe tragenden Mädchen mit Papierpenissen herumrannten. So, wie ich mich kenne, habe ich ihr vermutlich voller Stolz unsere Kunstwerke gezeigt. Aber sie ließ ihre Mädchen Jungs sein.

Ein besonderer Vorfall deutete an, daß Mama beim Ausleben meiner Wildfang-Seite möglicherweise eine Verbündete gewesen ist. 1968 war ich neun Jahre alt und lebte in einer Kleinstadt im Osten Kanadas, die von der aufkommenden sexuellen Revolution noch nicht erreicht worden war. Mädchen mußten in der Schule immer noch Kleider tragen. Obwohl es verboten war, vielleicht sogar, weil ich es mir so sehr gewünscht hatte, kam zu Weihnachten anstelle des obligatorischen gestärkten karierten Kleides oder des weiß-blauen Marineoutfits ein waldgrüner Kordhosenanzug unter dem Geschenkpapier zum Vorschein. Ich war ekstatisch! Am ersten Schultag im neuen Jahr zog ich ihn an, und meine Klassenlehrerin schickte mich sofort ins Büro der Direktorin.

Fräulein R. war selbst eine kräftige und kerlige Frau, die zwar bequeme Schuhe, aber ein Kleid trug. Breitbeinig stand sie vor mir, sah mich in meinem etwas zu großen Anzug an und fragte mich, warum ich trotz des Verbotes Hosen trug. Ich verteidigte überzeugend meinen Standpunkt. Hosen seien praktischer und zu dieser Jahreszeit wärmer. Der Anzug sei schick, ordentlich, und abgesehen davon hätte meine Mutter ihn mir zu Weihnachten für die Schule geschenkt. Fräulein R. lächelte. Ich war das vierte der Gammon-Kinder, das durch diese Grundschule ging, dadurch war sie ohnehin voreingenommen: Sie mußte mich mögen. Wir schlossen einen Kompromiß. Ich konnte meinen Anzug zweimal in der Woche zur Schule anziehen, aber ich mußte häufiger ein Kleid tragen.

Jubilierend berichtete ich meiner Klassenlehrerin von meinem Sieg. Ich muß das einzige Mädchen in der Grundschule gewesen sein, die Hosen trug. Im gleichen Frühling wurde die Tochter des Konrektors der High-School von der Schule verwiesen, weil sie Hosen zum Unterricht trug. Sie weigerte sich, wieder zur Schule zu gehen, solange sie nicht anziehen konnte, was sie wollte, und plötzlich wurde die Anordnung abgeschafft. Mir gefällt der Gedanke, daß meine kleine Rebellion der Vorläufer für diese Revolution war.

Der Schulhof war in einen Mädchen- und einen Jungenbereich eingeteilt; eine unsichtbare Linie bestimmte die Grenze. Wildfang Carolyn hockte auf der Grenze, um mit den Jungs Murmeln zu spielen, und war diejenige, die in rasendem Tempo dorthin rannte, um einen Fäustling oder eine Mütze zurückzuholen, die von der Mädchenseite rübergeworfen worden war. Jeden Winter wurde ein Schneehügel direkt zwischen den beiden Territorien aufgeschoben. Das bedeutete, daß die Jungen auf ihm spielten, und jedes Mädchen, die versuchte, ihn zu erklimmen, wurde erbarmungslos heruntergeschubst.

Aber nicht, wenn Wildfang Carolyn da war.

Obwohl ich für mein Alter klein war, hatte ich die Schlagkraft von Mighty Mouse und das Organisationsvermögen von Napoleon. Ich gründete eine kleine Armee von Mädchen, um uns den Weg den Hügel hoch zu erkämpfen. Jede, die einmal ernsthaft um die Kontrolle über einen Schneehügel gekämpft hat, weiß, daß diejenigen auf dem Gipfel im Vorteil sind. Nachdem wir den Hügel erobert hatten, stellten wir uns strategisch auf verschiedenen Ebenen auf. Für den Fall, daß ein besonders großer oder starker Fiesling es bis zum Gipfel geschafft hatte, war da Wildfang Carolyn, die Königin des Schneebergs, die den Angreifer nach einem majestätischen Kampf vom Hügel schubste.

Natürlich hatten meine Erfolge auf dem Schulhof Konsequenzen. Eines Tages, als ich allein auf dem Heimweg war, verbündeten sich sechs Jungen gegen mich. Sie brachten mich zu Fall, setzten sich auf mich, seiften mich mit Schnee ein, stopften Schnee unter meine Kleidung und trommelten auf mich ein. Sie zogen mir Fäustlinge, Schal und Mütze aus und warfen sie auf die vom Streusand dreckige Straße. Ich bekämpfte sie hartnäckig und schickte einige mit blauen Flecken und Kratzern nach Hause. Dennoch war dieser Vorfall eine Niederlage für mich. Ich erzählte niemandem davon.

Meine Brüder härteten mich ab: Holzapfelkämpfe hinterließen rote Striemen. Ich lernte, wie man einen vergammelten Apfel mit großer Geschwindigkeit schleudert und einen kompakten und vereisten tödlichen Schneeball macht. Wildfang Carolyn war oft das einzige Mädchen, die mit den Jungs Baseball oder Eishockey spielen durfte. Die wichtigste Voraussetzung dafür war, niemals zu weinen. Einen Puck ans Schienbein? Halt um Himmels willen die Tränen zurück! Ein verfehlter Wurf trifft dich im Bauch? Zucke nicht einmal! Ich hatte mich so gut unter Kontrolle, daß, als ich einmal mit fünfzehn weinen mußte, mein Vater den Kommentar abgab: „Ich wußte nicht, daß du das kannst."

Manche Mädchen durften ein Wildfang sein, aber nicht als junge Damen. Meine Zeit als Ehren-Junge mußte enden oder zumindest hinausgezögert werden. Eines Tages saß ich in der Dusche im Schwimmbad des YMCA und wartete darauf, daß meine Mutter aus dem Becken stieg. Bei jeder sich bietenden

Gelegenheit nahm ich mein Bikinioberteil ab, weil ich wenigstens ansatzweise so etwas wie eine Badehose wie die Jungs in der Fernsehserie *Flipper* haben wollte. Eine Frau in der Dusche forderte mich sofort auf, mein Oberteil zu tragen. Ihre Worte waren deutlich: Ich sollte mich schämen. Ich muß acht oder neun Jahre alt gewesen sein. Ein anderes Mal, wieder ohne Oberteil am Strand, kamen Kinder vorbei und machten sich über mich lustig. „Du denkst, du bist ein Junge, nicht wahr?" Ja! dachte ich, sagte aber: „Nein!"

Wenn ich zurückblicke, wollte ich nicht wirklich ein Junge sein, sondern nur ihre Privilegien haben. Ich wollte einen Baseball genauso weit werfen, einer Kindermannschaft nur für Jungen beitreten und die tollen Spielzeuge besitzen wie sie: Walkie Talkies, Metallbaukästen mit Spulen, Zahnrädern und anderen beweglichen Teilen, eine Carrera-Rennbahn. Im Alter von fünfzehn Jahren hatte ich keine Jungen mehr als Freunde. Ich mochte Mädchen, hatte Mädchen als Spielkameradinnen, schwärmte für Mädchen, liebte einige meiner Lehrerinnen. Jungen waren irgendwie Fremdlinge. Das ist vielleicht der Grund dafür, daß ich den Eintritt ins „Frau-Sein" so lange wie möglich hinausgezögert habe. Ich spürte, daß dies voraussetzte, sich auf diese Fremdlinge einzulassen.

Und der beste Weg, Kontakt zu vermeiden? Sport! Mädchenteams, Mädchenumkleideräume, Gemeinschaftsduschen und Trainerinnen – einfach wundervoll! Das Basketballfeld, der Feldhockeyplatz, das Softballfeld, die Leichtathletikbahn – alles Orte, an denen ich rechtmäßig herumrennen, schwitzen, mich anstrengen, Turnschuhe und Trainingshosen tragen konnte und wo mich niemand belästigte, der mich in eine Frau verwandeln wollte. Wenn ich genügend Trainingsstunden aneinanderhängte, konnte ich mich den ganzen Tag bis abends mit Sport beschäftigen. Mit vierzehn Jahren fing ich mit Gewichtheben an. An der Universität (ein Abschluß in Sportwissenschaft) trug ich ausschließlich Trainingsanzüge im Unterricht. Und ich versuchte immer noch, die Jungen und Männer zu schlagen. Das war meine einzige Verbindung zu ihnen – Konkurrenz. Ich war am Boden zerstört, als ich erfuhr, daß ein Junge in meiner Gewichtsklasse fast zweimal soviel

Gewicht auf der Bank drücken konnte wie ich. War es wirklich so, daß sie stärker waren?

Meine Beziehungen zu Frauen wurde immer heißer. Vier Jahre lang liebte ich unerwidert, uneingestanden, unausgesprochen eine Kommilitonin, die zudem noch mit einem Mann fest liiert war. Innerlich verachtete ich meine Mitspielerinnen, denen während des Basketballtrainings Mascara und Grundierung in Strömen das Gesicht hinunterlief. Dennoch wußte ich, daß ich in der Minderheit war. Viele Freundinnen versuchten, mich auf weiblich zu stylen. Es waren wohlgemeinte Versuche, mir bei der Anpassung zu helfen. Die wenigen Male, die ich mich dem System beugte und ein Kleid trug, fühlte ich mich wie verkleidet. Nach zehn Jahren Basketball, elf Jahren Feldhockey, zahllosen anderen Wettbewerbs- und Freizeitsportarten rundete ich meine Sportkarriere im Gewichtheben als kanadische Meisterin und Vierte in der Weltrangliste ab.

Dann hatte ich mein Coming-out.

Es war 1982, und ich wußte nichts über lesbisches Leben – historisches oder gegenwärtiges. Ich hatte kaum jemals das Wort „lesbisch" ausgesprochen. Wenn ich etwas über Butches und Femmes gewußt hätte, hätte ich mich mit Sicherheit als Butch definiert, obwohl ich eher auf Butches stand. Würde die Bezeichnung Wildfang auch für erwachsene Frauen gelten, hätte ich mich vermutlich genau so benannt. In der Tat wäre ich sicher mein ganzes Leben ein Wildfang geblieben oder eine wilde Lesbe. Aber als ich den radikal-lesbischen Feminismus in Theorie und Praxis annahm, schlossen Teile seiner Lehre auch die herausragende Arbeit Joan Nestles zum Thema Butches und Femmes in der Vergangenheit und Gegenwart mit ein. Endlich hatte ich einen Begriff, eine erstrebenswerte Identität, etwas, das als Lesbe paßte. Ich arbeitete als Gewichtetrainerin für Frauen, schoß in einem Muscle-Shirt auf Rollschuhen durch die Stadt, spielte die galante Verführerin von Montreal. Ich tauschte Wildfang gegen Butch. Mit meinen langen fließenden roten Haaren und Ohrringen war es nicht die offensichtlichste Schublade, in die ich von anderen gesteckt wurde, aber ich war mir sicher, ein Butch zu sein.

Bis ich eines Tages, 1987, die Gelegenheit hatte, mich auf einem Video, das eine Freundin aufgenommen hatte, zu sehen. Da war ich. Ich plauderte mit wirbelnden Händen, neigte meinen Kopf zur einen oder anderen Seite und warf mein langes Haar lässig über die Schulter. O Göttin! dachte ich, was für eine Femme! Wie konnte ich eine Femme sein? Ich sah mir das Video immer wieder an. Das war der Beweis. Was ich bei anderen feminin oder tuntig genannt hatte, starrte mir vom Bildschirm entgegen. Ich geriet in Panik und fragte Freundinnen, ob sie mich als Butch oder Femme sahen. Unweigerlich sagten sie, wenn sie darüber nachdachten, hielten sie mich für eine Femme. Wenn ich gegen diese Schublade ankämpfte, fügten sie schnell hinzu, ich sei eine Kesse Femme.

Der wirkliche Test war ein älteres Butch/Femme-Paar aus Lateinamerika. Sie hatten während der fünfziger und sechziger Jahre in Kuba, Chile und dann in Montreal gelebt, als klare Butch/Femme-Dynamiken ein Überlebenscode waren. Ich fragte sie nach meiner Identität. Für sie war es keine Frage: Ich war die Femme und meine Geliebte die Butch.

Als die Panik nachließ, begann ich meine Gefühle zu hinterfragen, warum ich Angst hatte, eine Femme zu sein. Wenn ich es genauer betrachtete, hielt ich Femme für schwach, unfähig, sogar irgendwie minderwertig. Für mich hieß es eigentlich, keine richtige Lesbe zu sein. Ich begriff noch nicht, daß Teil meiner eigenen Identifikation als Wildfang oder Butch eine Abwertung gegenüber den Femmes war. Es war schlicht und einfach verinnerlichter Frauenhaß. Ich hatte die sexistische gesellschaftliche Vorstellung von Weiblichkeit geschluckt und wandte sie gegen Femmes. Und das, obwohl ich für mich in Anspruch nahm, eine frauenliebende Frau zu sein, eine radikale Lesbe.

Ich dachte an meine Kindheit zurück und erinnerte mich an Bemerkungen wie „Du wirfst wie ein Mädchen." Das war damals eine sehr schwere Beleidigung. Natürlich hieß es, nicht mit der ganzen Kraft des Armes zu werfen, aber es wurde in unserer Nachbarschaft auch benutzt, wenn *sissy,* also Muttersöhnchen, gemeint war. Nach längerem Nachdenken wurde mir auch klar, daß ein Mädchen zu sein mich gegenüber den sexuellen Angriffen meines Vater verletzlich gemacht hatte. Irgendwie hatte mir das harte Wildfangäußere geholfen, diesen Übergriffen zu trotzen.

Was ich mit meiner neuentdeckten Femme-Identität anfangen sollte, wußte ich noch nicht so genau. Zuerst probierte ich sie im Privaten aus – mit Reizwäsche. Ein kurzer rosa Seidenslip sah gar nicht so unpassend zu aufgebautem Trizeps aus und legte Anteile in meiner lang unterdrückten Identität frei. Ich begann zu bemerken, wie ich mir über die Jahre Unweiblichkeit – mein Äußeres, meine Körperhaltung, überhaupt meine ganze Art – sorgfältig angeeignet hatte. Niemals hatte ich mir erlaubt, mit nach innen gerichteten Knien oder Füßen dazusitzen, obwohl sie sich natürlich so ausrichten. Ich hatte den Gang eines krummbeinigen Gorillas mit einer Metallstange als Wirbelsäule von den Kerlen aus dem Trainingsraum kopiert.

Das Anprobieren meines Femme-Selbst fühlte sich wie eine neue Haut an. Im Spiegel sah ich meinen nackten Körper plötzlich anders. Statt nur auf wohltrainierte Wadenmuskeln oder gewölbte Brustmuskeln zu achten, begann ich Kurven zu sehen, die meinen Arsch und meine Brüste abzeichneten. Statt meinen Bauch automatisch zu einem Waschbrett einzuziehen, ließ ich ihn einfach für einen Moment in seiner süßen Rundheit hervortreten.

1991 wurde ich zur Berliner Lesbenwoche eingeladen, um meine Gedichte vorzulesen. Weit weg von zu Hause und aus den Augen derer, die mich in meiner vergangenen Butch-Inkarnation kannten, trug ich am Abend der Lesung ein enges schwarzes Kleid. Es war das erste Mal, daß ich ein Kleid trug, seit jenen schmerzhaften Versuchen der Konformität am College. Die Wirkung war erstaunlich. Jede nahm an, ich sei mein ganzes lesbisches Leben lang eine Femme gewesen, wenn nicht sogar als Femme geboren. Ein Abend, ein Kleid, und ich hatte die Seiten total gewechselt. Als ich nach Deutschland umzog, erweiterte ich meine Femme-Ausrüstung. Manchmal trage ich sogar Lippenstift, was ich früher für das absolute Tabu für eine richtige Lesbe gehalten hatte.

Bei all meinen Lesungen in dem einen oder anderen scharfen Kleid machte ich einige Beobachtungen. Mir wurde sogar gedankt, daß ich in einem Kleid erschien. Aber ich wurde auch gescholten, mich mit meiner Kleidung dem Patriarchat zu beugen. Wenn ich nach einer Lesung in eine Lesbenbar oder -disco ging, wurde ich als Paria gesehen: „Sie hat sich bestimmt verirrt. Weiß sie, daß es eine Lesbendisco ist?" Ich bemerkte auch, daß das Tragen eines Kleides Lesben das unbewußte Recht gab, mich anzufassen und Dinge über meinen Körper zu sagen, die sie sich sonst nicht erlaubt hätte. Einmal musterten mich zwei betrunkene Butches buchstäblich vom Scheitel bis zur Sohle und sprachen so schlüpfrig über mich wie der sexistischste Kerl. Wenn ich jedoch vor meinen Zuhörerinnen stand, die fast alle wie Butches aussahen, und andeutete, daß die Femmes fehlten, war das Resultat nur nervöses Murmeln. Wenn ich dann noch fortfuhr und sagte, daß eine lebendige und schöne Butch/Femme-Dynamik in unserer Szene wächst und gedeiht, wurde mir heftig widersprochen.

Weil ich so lange die Femme in mir verleugnet und sie in anderen Lesben abgewertet habe, verteidigte ich sie nun um so mehr.

Aber die Wahrheit ist, daß ich definitiv ein Hybrid bin. Meine Geliebte nennt es einfach „Lesbe". Ich spiele mit den Schubladen und nenne mich je nach Tageslaune – Kesse Femme, Femme Vater oder – um meine Kindheit mit einzubeziehen – Wildfang Femme. Der Unterschied besteht heute nur darin, daß Wildfang Carolyn sich nicht mehr vor Carolyn, dem Mädchen versteckt. Jetzt spiele ich mit Silikondildos, mit denen ich nicht mehr vorgebe zu pinkeln, sondern die ich für weit erotischere Zwecke benutze. Und ich liebe es, ein den Körper umschmeichelndes Samtkleid, Nylonstrümpfe und Armbänder zu tragen und am Lederjackenarm meiner Süßen auszugehen.

Ich fühle mich als Teil eines Kontinuums von Butches und Femmes und all den Lesben dazwischen, die darum gerungen haben, unseren Weg in dieser immer noch sehr heterosexistischen, frauenfeindlichen Welt zu gehen. Heute tauchen neue Begriffe wie *transgender*, intersexuell und *hermaphrodyke* auf. All das sind Versuche, den erneuten Zugang und Ausdruck für die vielen Leben zu finden, die sich der Dichotomisierung der Geschlechter widersetzen. Wir haben 1997, und es gibt Jahrzehnte von Butch/Femme-Frauengeschichte, die noch entdeckt und verstanden werden müssen. Es gibt lesbische Kulturen in Nordamerika, in Europa und in der ganzen Welt, die Butch/Femme als Grundprinzip benutzen und deren Existenz es noch anzuerkennen gilt.

Es ist Zeit zum Erforschen, Neudefinieren, Umbenennen, Erweitern.

Ich bin wieder hoch auf dem Baum, springe … und diesmal, falls die Landung nicht weich sein sollte, habe ich keine Angst zu weinen.

Danksagung: Vielen Dank an Dionne Sparks für eine tiefgreifende Inhaltsanalyse und Redaktion, für Femme-Beratung und das viele Lachen. Und an Katharina Oguntoye, die mich darauf hinwies, daß es wichtiger ist, ehrlich zu sein als cool.

(Übersetzung: Birgit C. Michaelis)

Femme in Deutschland

My Life as a Bitch*

Birgit Scheuch

> „Eine Femme wird oft als Lesbe gesehen,
> die sich wie eine nicht-feministische Hetera aufführt –
> eine schreckliche Fehlinterpretation von Selbstdarstellung,
> die eine Sprache befreiten Begehrens in ein Schweigen
> der Kollaboration verwandelt."
> (Nestle 1992, 142)

Schuld an allem ist eigentlich Susie Bright. Als ich die Verfasserin von *Susie Sexperts Sexwelt für Lesben* vor einigen Jahren kennenlernte, wollte sie in typisch amerikanischer Manier von mir wissen, ob ich mich denn nun als Butch oder Femme verstünde. „Als Butch", antwortete ich und fügte ein „nehme ich an" hinzu, als Susie in kreischendes Gelächter ausbrach. An den Rest des Gespräches erinnere ich mich kaum – so sauer war ich, daß mich diese Frau nicht ernst nahm.

Doch während der folgenden Monate drängte sich mir immer wieder die Erinnerung an meine provisorische Daseinsphase als Hetera auf; daran, wie ich mich damals kleidete: fast immer im

---

* *Bitch* [bitʃ] 1. Hündin 2. (Schimpfwort) Weibsstück, Zicke; *to bitch:* herumzicken; *bitchy:* zickig.

knappen Rock, oft mit Strümpfen und hohen Absätzen. Daß ich mich höllisch geschmeichelt fühlte, wenn jemand bemerkte, daß ich auf meinem Paßbild Marilyn Monroe ähnlich sah.

Doch dem Coming-out folgte unmittelbar die Levis. Warum?

Ich hatte keine anderen Vorbilder. Und als Junglesbe wollte ich erst einmal eine Familie finden. Alle lesbischen Tanten, Kusinen und Schwestern aber trugen Levis und Karohemd. Nach einem pubertären Modeaufstand war mir anfangs einfach nicht.

Ich traf erstaunlich viele Lesben, die in ihrer Kindheit Jungs hatten sein wollen, denn genau dieser Typ zog mich erotisch stark an. Ich selbst bin in meinem Leben noch nie auf einen Baum geklettert und wehrte mich seinerzeit mit Händen und Füßen, als ich zu Großmutters Silberhochzeit eine Hose mit Bügelfalten tragen sollte.

Als ich an meinem Lesbischsein schließlich nicht mehr zweifelte, begann ich nach meinen Wurzeln zu suchen.

Zum Glück hatte ich voller Reue einige meiner alten Sachen mit Mottenstreifen auf dem Hängeboden vergraben, statt sie gleich zugunsten der Levis wegzuschmeißen. Und Mini geht bekanntlich *never out of style*.

Meine ersten Testbesuche in Lesbenbars glichen einem Spießrutenlauf. Abschätzige Blicke glitten an mir hoch und runter. Nach Wochen endlich bemerkte eine Frau, ich hätte wirklich zu schöne Beine, um sie in Jeans zu verbergen – der erste Etappensieg auf einer endlosen, mit Schlaglöchern übersäten Strecke.

Ich mußte noch erleben, daß eine Lesbe, mit der ich nach Hause gegangen war, meinen Reißverschluß am Minirock nicht anfassen konnte, weil er für sie ein patriarchales Unterdrückungsinstrument darstellte. Seitdem habe ich zusammengerechnet garantiert mehrere Wochen meines Lebens mit Diskussionen zugebracht, die bestenfalls mit einer verständnislosen Frage: „Wozu, um Himmels willen, brauchst du diesen Scheiß?" begannen und schlimmstenfalls mit einer pampigen Anmache: „Das darf doch nicht wahr sein, daß du als intelligente Frau dich so zum Sexobjekt für Männer erniedrigen mußt!".

Muß ich? Wie viele Male habe ich mir überlegt, warum ich nicht einfach meine ollen Jeans und das T-Shirt ausgraben und mich den Gepflogenheiten der Szene anpassen kann. Würde das vielleicht sogar meinen Sex-Appeal verstärken? Ich halte es für durchaus möglich, denn offenbar fürchten sich sehr viele Lesben panisch vor jeglichen aus der Szene-Norm fallenden Formen der Selbstdarstellung. Andererseits würde ich mich vermutlich so unwohl in meiner Haut fühlen, daß ich komplett zum Mauerblümchen verkäme. Eine Daseinsform, die ich genausogut kenne wie die der Femme – ich datiere ihr Ende auf den Tag, an dem mich eine etwas ältere Freundin zu meinem ersten Minirock inspirierte.

Damals begann ich nämlich zu spielen, zu kokettieren mit meinem erotischen Ausdruck. Dafür brauchte ich ein paar Liter Haarspray, reichlich Blondiercreme, einige schmuddelige Zeitschriften (die mich zum Beispiel darüber erleuchteten, wieviel praktischer es ist, den Tanga über den Straps zu ziehen, statt sich jedesmal auf der Toilette in den diversen Strings zu verhaspeln) und zahllose Stunden in Secondhandläden, Wäsche- und Young-Fashion-Abteilungen der Kaufhäuser. Und Schicht für Schicht legte ich meine Unsicherheit, mein Unwohlsein in meinem eigenen Körper zu den Akten.

Den Rückhalt, den ich für meine bald gefundene lesbische Identität brauchte – also Butches, die mich wie ich war schätzten, ja auf Händen trugen –, bekam ich vor allem während meiner Aufenthalte in den USA, wo das Butch/Femme-Konzept längst wieder aus der Mottenkiste hervorgeholt, zur lesbischen kulturellen Tradition erklärt (einer der wenigen überlieferten) und dem Zeitgeist angepaßt worden ist.

Noch nicht ganz überzeugt, daß der einzige Weg, eine erotische Heimat zu finden, über die Einwanderungsbehörde führt, suche ich hier nach meinem Pendant. Doch selbst meine Therapeutin weiß irgendwann keinen Rat mehr: „Keine versteht, was ich will", jammere ich. „Dabei ist es doch eigentlich ganz einfach: *Femme sucht Butch.*"

Ich solle das doch in der landesüblichen Sprache formulieren, schlägt sie vor. „Nein", wehre ich mich, „eine Frau ‚sportlichen' Typs will ich nicht; eine, die nicht ahnt, was *butch* bedeutet, würde mit größter Wahrscheinlichkeit ohnehin auf einer anderen Wellenlänge schwimmen."

Lassen kann ich es aber auch nicht und formuliere hoffnungsfroh: *„Femme-Schlampe sucht Butch-Lady mit Stil."*

Eigentlich eindeutig, meine ich. Das Stadtmagazin veröffentlicht den Text unter der Überschrift *„Femi-Schlampe sucht ..."*

Ich unternehme einen neuen Versuch. Eine Marina meldet sich: tiefe Stimme und leichter fränkischer Akzent. Wir unterhalten uns reizend. Auch sie ist über dreißig und liebt ihren Job. Ja, wir sollten doch mal einen Kaffee trinken gehen. Erkennen könnte ich sie an ihren langen roten Haaren. Lange rote Haare? Mir sträubt sich alles, bis ich mich selbst zur politischen Korrektheit ermahne, schließlich leide ich ja auch darunter, daß sich nie jemand eine Femme mit streichholzkurzen schwarzen Haaren vorstellen kann. Ich wähle meinen knappsten Minirock und hoffe, daß das Make-up in der Hitze hält. Wird sie aufstehen, um mich zu begrüßen? Wird sie mich mit gierigen Blicken verschlingen und mich zum Abendessen einladen? Das einzig Gute an dieser Verabredung bleiben die Phantasien davor. Das Wort Butch hat sie offenbar überlesen, und als ich ihr schließlich aus der Not als aggressive Femme komme, fehlt nicht viel und sie würde schreiend davonlaufen.

Ich fühle mich unverstanden, ständig mißinterpretiert. Ich mache die Probe aufs Exempel und schaue, als ich in San Francisco bin, die Kontaktanzeigen des lokalen Lesbenblattes durch. Da war sie! Perfekt!

„Schöne S/M-Butch, 38, erfahrene Switch, mit voll ausgestattetem Spielzimmer sucht gleichgesinnte Schwestern für One-night-stand, gelegentliche Dates oder Beziehung ..."

Auf diese Anzeige mußten ihr die Femmes doch die Tür eintreten. Ich rufe sie an und halte das Ganze zunächst für einen weiteren Irrtum, denn ihr Stil läßt sehr zu wünschen übrig. Ruppig fährt sie mich an: „Gut, wenn du's versuchen willst, aber komm besser pünktlich, sonst …"

Meine Enttäuschung kaum unterdrückend, will ich mich verabschieden und rücke dabei noch ihre stereotype Einschätzung zurecht: „Also, ich bin zwar Femme, aber in der Regel dennoch die Dominante, die Sadistin."

„O Mistress, wie kann ich mein schlechtes Benehmen nur wieder gutmachen?" höre ich plötzlich eine ganz andere, warme, weiche Stimme durchs Telefon. „Ich würde Ihnen sehr gern dienen, Ihnen Lust bereiten."

Beim vereinbarten Rendezvous nimmt sie mir die Jacke ab und rückt mir den Stuhl zurecht. Dienstbeflissenheit einer gut erzogenen Bottom oder Ausdruck des Respekts gegenüber einer Femme?

Ich habe mein Glas Wein noch nicht einmal zur Hälfte ausgetrunken, da bittet sie mit lüsternem Blick auf meinen Ausschnitt um Erlaubnis, einen Vorschlag machen zu dürfen: Sie wohne um die Ecke und fände mich ausnehmend attraktiv, ob ich ihr die Ehre gäbe?

Unsere Affäre intensiviert sich und übersteht sogar das ganze Jahr bis zu meinem erneuten Besuch. Wieder erlebe ich sexuelle Abenteuer in hoher Konzentration, doch der Rückflug naht unaufhaltsam, und sie gibt mir für die nächsten Monate in Berlin Ratschläge: „Das ist doch nicht möglich, daß es für eine hinreißende Femme wie dich dort keine passende Butch gibt! So schlimm kann es nicht sein", sagt sie und überzeugt mich, doch noch mal einen Kontaktanzeigenversuch zu starten. Ich solle ihr doch dann berichten, was dabei herausgekommen ist. Okay, Baby, *here you go.*

30+, Phantasie, Humor, Stil und Erfahrung? Butch/KV genug? Femme sucht Charmeurin.

So. Ich habe meinen Text den hiesigen sprachlichen Gepflogenheiten angepaßt, um auch der Butch der alten Schule, die sich als KV versteht, eine Chance zu geben.

Drei Antworten trudeln ein – ein Rekord!

Die Vierundzwanzigjährige schmeiße ich weg, auf die Gefahr hin, eine Gelegenheit verpaßt zu haben.

Was ihr denn an meiner Anzeige gefallen habe, frage ich die zweite, die in einem netten Ton von sich erzählt – denn es gibt ja auch die Verzweiflungstäterinnen, die Woche für Woche mit Standardschreiben auf alle auch nur ansatzweise interessanten Annoncen antworten. „Das Alter." Sie sei 31 und wolle nichts mehr mit so jungen Dingern, das sei zu anstrengend. „Na, darauf können wir uns ja schon mal einigen", stimme ich zu. Um ein solch überflüssiges Treffen wie das auf die Annonce *Femme-Schlampe sucht Butch-Lady*" zu vermeiden, frage ich diesmal gleich, wie sie zu Butches bzw. KVs stehe. „Na, doof find ich das", platzt sie heraus. „Bei mir muß eine Frau wie eine Frau aussehen." Ich bin perplex. Mit leichter Verzögerung erkläre ich ihr, genau so was hätte ich doch mit meiner Anzeige gesucht. „Ach so! Ich hab das so verstanden, daß du *genug von* Butches und KVs hast."

„Es war wirklich reizend, mit dir zu reden", verabschiede ich mich, „aber ich glaube, ein Rendezvous ist nicht unbedingt nötig." Kaum habe ich mich halbwegs erholt, ruft meine allererste lesbische Freundin an, also die, die damals freundlicherweise den praktischen Part bei meinem Coming-out übernommen hatte. Auf mein Klagelied bietet sie mir eine ganz neue Interpretationsmöglichkeit meines Annoncentextes: Frau könne doch auch hineinlesen, daß ich bereits genug Butches hätte und jetzt noch eine Femme dazu suche. Ich bedanke mich für die aufmunternden Worte und versinke wieder einmal mich selbst geißelnd in peinliche Erinnerungen daran, daß ich mich seinerzeit, wie es mir in der Frauenszene eingebleut worden war, aufgespult habe, wenn diese erste Freundin, eine begnadete Butch, mir schwungvoll die Tür aufriß oder die Einkaufstaschen abnahm.

Eine interessante Erfahrung mache ich mit der dritten Antwort. Mit „Madame" schreibt sie mich an und behauptet, ihr sei der Charme in die Wiege gelegt worden. Beeindruckt von ihrem Selbstbewußtsein lasse ich mich ins Restaurant einladen. Erst am Ende unseres Telefonats denke ich daran, die sondierende Frage zu stellen.

„Ach, nein", kommt die Antwort, sie habe es nicht nötig, sich als Kerl zurechtzumachen. Ich ahne Fürchterliches und bin entsprechend überrascht, als sie mir bei unserem Date gesteht, sie habe sich nun doch nicht durchringen können, sich extra einen Bürstenhaarschnitt verpassen zu lassen. Humor hat sie, und ihr Charme ist überhaupt nicht zu verachten. Hätte ich ein erstes Urteil abgeben sollen, ich hätte keine Sekunde an ihrem Butch-Sein gezweifelt. Ergebnis ist ein netter One-night-stand. Doch was mir fehlt ist das Element der Identifikation, der unverhohlenen Anerkennung meines Femme-Seins.

Denn wovon ich nach all den Jahren genug habe, sind diejenigen, die von inneren Werten schwafeln und die Stöckel schulterzuckend mitnehmen. Nur die, die mir vermittelt, daß die Gesamtheit meines Ausdrucks und meiner Selbstdarstellung – von der Strumpfborte bis zum erotischen Spiel – genau das ist, wovon sie immer geträumt hat, kann meine Butch sein.

Viele Jahre war ich überzeugt, die deutsche Szene sei einfach wieder einmal zehn Jahre hinterher und die Auseinandersetzung um Butch/Femme bräche schon noch über uns herein. Mittlerweile haben wir hier die Dildo-Diskussion absolviert und lächeln nur noch müde über Pro und Kontra SM, doch Butch/Femme ist nach wie vor kein Thema. Möglicherweise liegt eine Chance in der zwar zögerlichen Akzeptanz des *Queer*-Konzepts, mit dem langsam, aber sicher aus den USA der Appell nach Deutschland bzw. Berlin herüberschwappt, die hiesige „Bewegung" möge Menschen aller sexuellen Identitäten und politischen und sozialen Herkünfte und Zugehörigkeiten akzeptierend einschließen. Diese grundsätzlich erstrebenswerte Forderung setzt jedoch eine differenzierte Diskussion voraus. Ansonsten kann es, wie – teilweise auch in den USA – dazu führen, daß wieder einmal eine „politisch korrekte" Toleranz zur Pflicht erklärt wird, was nur die Spitze der Bewegung nachvollziehen kann, während sich andere fragen, wie es überhaupt zu diesem Gebot kam.

In bezug auf Geschlechtsidentität bedeutet dies, mehrere Diskussionen zu führen. So muß darauf aufmerksam gemacht werden, daß mehr Geschlechtsidentitäten existieren, als im öffentlichen, (post)feministischen oder schwul-lesbischen Szene-Diskurs gemeinhin berücksichtigt werden. Immer wieder versteift sich das Idealbild der Szene auf ganz wenige Idealtypen, die sich zum Beispiel um die jeweils möglichst androgyne, mäßig politisch aktive Jeanslesbe bzw. den coolen Technoboy oder den kerligen Lederschwulen der Barszene bewegen.

Femmes fallen unter den Tisch, und Tunten werden ausgegrenzt. Diese Gruppen fallen zweifelsohne aufgrund internalisierten Frauenhasses und des höheren gesellschaftlichen Status des „Mannes" am stärksten durch das Raster der schwul-lesbischen Bewegung. In den USA gibt es für diesen Weiblichkeitshaß unter Lesben und Schwulen den Begriff „Butchkrankheit". Vereinfacht ausgedrückt steht er für die homosexuelle Variante des Machismo. Ich betone Krankheit, denn ein vielverbreiteter Irrglaube und Grund für die Ablehnung des Butch/Femme-Konzeptes besteht in der Annahme, Butch sei mit Macho gleichzusetzen. Butch-Sein im positiven und ehrenvollen Sinne schließt aber gerade alle negativen Aspekte stereotyper Männlichkeit aus. Der Respekt gegenüber der Femme bestimmt das Verhalten der Butch in allen Lebensbereichen – nie wird sie eine Femme spüren lassen, sie sei eine völlig beliebige Frau zur Befriedigung ihrer Lust, die problemlos zu ersetzen sei, falls sie sich nicht den stereotypen Erwartungen des Machos entsprechend verhält. Der Femme wird eine eigene Meinung und Entscheidungsfähigkeit nicht abgesprochen, und zur erotischen Begegnung zwischen Butch und Femme kommt es nur, wenn beide dazu bereit sind.

In der größeren Öffentlichkeit herrscht in bezug auf alternative erotische bzw. sexuelle Lebensentwürfe allerdings nach wie vor die längst veraltete Theorie der frühen Sexualwissenschaft vom Mann in der Frau und der Frau im Mann vor.

Das Mannweib und die Tunte stehen in der Öffentlichkeit für potentielle Homosexualität, wohingegen die Femme und der Kerl

zu ihrer jeweiligen Frustration leicht als „heterosexuell" vereinnahmt werden.

Weiterhin ist es notwendig, herauszuarbeiten, daß zwischen den
Geschlechtsidentitäten fließende Übergänge bestehen, das heißt
zum Beispiel, daß sich die Butch bzw. der Kesse Vater *graduell*
vom Frau-zu-Mann-„Transsexuellen" unterscheidet.

Die aktuellen *gender studies* liefern hierzu den theoretischen
Hintergrund, indem sie die geringe Bedeutung des biologischen
Geschlechts (*sex*) gegenüber der enormen Auswirkung des gesell-
schaftlich-kulturellen Bildes von Geschlecht (*gender*) hervorhe-
ben.

Daß das Potential dieses aktuellen philosophischen Diskurses in
bezug auf praktische Anwendung oft fragwürdig ist, muß jedoch
stets wahrgenommen und mit einbezogen werden, um Gräben
zwischen Theorie und Praxis zu überbrücken.

So erübrigt sich meiner Meinung nach die Trennung zwischen
sozialem und biologischem Geschlecht, wenn wir endlich in
bezug auf Geschlecht und Orientierung stufenlose Übergänge
annehmen. 1993 schockierte die renommierte amerikanische
Sexualwissenschaftlerin Anne Fausto-Sterling die LeserInnen der
New York Times damit, daß sie von „mindestens fünf" biologischen Geschlechtern ausging – wie sie heute sagt, ein Witz, um
den Leuten die Existenz eines geschlechtlichen Kontinuums
näherzubringen.

Bis heute macht ja das alleinige Vorhandensein eines Puller-
manns das Neugeborene zum Jungen, die Abwesenheit zum
Mädchen, und alles, was diesen Rahmen sprengt, wird passend
gemacht. Erst langsam beginnen die vielen Intersexuellen sich zu
organisieren, die als Säuglinge oder Kleinkinder dem einen oder
anderen Geschlecht operativ zugeteilt wurden – zum Teil, ohne
daß die Meinung der Eltern gefragt war, ganz zu schweigen von
einer späteren eigenen Entscheidung – und die schwere psychische
Schäden davongetragen haben.

Ist die körperliche Zuordnung solcherart vorgenommen, folgen
die prägenden Jahre der Erziehung: Mädchen, die als Vaters Sohn

aufwachsen, Jungs, die Mutti als kleines Püppchen behandelt, Töchter, die zur perfekten Ehefrau ausgebildet werden.

All diese Konstellationen resultieren in vielfältigen Ausprägungen von Geschlechtsidentität; die Kombination beider Elemente – des sozialen und des biologischen Geschlechts, dazu die sexuelle Präferenz – ergibt schließlich eine so endlose Zahl geschlechtlicher und sexueller Ausdrucksformen, daß es *theoretisch* schon längst überholt ist, alles in einander gegenüberliegende Begriffspaare einteilen zu wollen. Doch was helfen all die *gender studies*, wenn die meisten panische Angst davor haben, ohne die Sicherheit traditioneller Kategorien leben zu müssen.

Auch ich gebe zu, daß das Leben so schon schwer genug ist und mir ganz wohl dabei ist, bei der Sexpartnersuche zum Beispiel sehr feminine Männer zunächst einmal außen vor lassen zu können, weil ich lesbisch bin. Seit mich jedoch eine ausgesprochen attraktive transsexuelle Frau über dem zweiten Cocktail fragte, ob ich mir auch vorstellen könnte, mit einer ins Bett zu gehen, die noch nicht operiert ist, ist mir eine weitere trügerische Sicherheit genommen, denn ich fand das Angebot sehr reizvoll.

Dennoch kann ich mich des Eindrucks nicht erwehren, daß diejenigen, welche mich für meine Identifikation als Femme kritisieren, damit nicht auf meine Unfähigkeit zur Flexibilität anspielen, sondern eher dem Irrtum unterliegen, ich kategorisierte mich selbst als Frau im stereotypischen Sinn, die am superweiblichen Ende des Spektrums angesiedelt sein müßte: biologisch, sozial und von der sexuellen Orientierung das perfekte Weibchen.

Eine Aufschlüsselung meiner und der individuellen Eigenschaften und Vorlieben einer jeden entzieht diesem Glauben den Boden: Ohne nennenswerten Brustumfang goutiere ich es, gefickt zu werden bis zum vaginalen Orgasmus, wenn ich meinen vorzugsweise maskulinen Liebhaberinnen nicht gerade als Domina komme. Beruflich selbständig biete ich den meisten Männern Paroli, habe auch noch nicht das leiseste Ticken einer biologischen Uhr gehört, aber nichts kann mich so entspannen wie das Kochen eines siebengängigen Menüs für zehn Personen.

Aber woran macht sich denn dann Femme/Butch fest? Was zeichnet die einen und die anderen aus?

> *Butch/Femme zu leben ist keine intellektuelle Übung, keine*
> *Reihe von trockenen Theorien. [...] Vereinfacht formuliert*
> *bezeichnet Butch/Femme eine Art, auszusehen, zu leben und*
> *zu lieben, die durch einzelne, Paare oder eine bestimmte*
> *Szene ausgedrückt werden kann. In der Vergangenheit wur-*
> *den Butches zu vereinfacht als maskuline Partnerinnen, Fem-*
> *mes als ihre femininen Gegenstücke beschrieben. Dabei wird*
> *ignoriert, daß es sich hier um Frauen handelt, die ihren Stil*
> *aus bestimmten erotischen, emotionalen und gesellschaftlichen*
> *Gründen entwickelt haben.*
>
> (Nestle 1992, 138)

Als erotischen Tanz hat JoAnn Loulan Butch/Femme einmal bezeichnet. Wer Lesben beim Standardtanz zusieht oder selbst tanzt, kann dieses Bild gut nachvollziehen.

Ich selbst habe einmal einen Tanzkurs mit einer Partnerin begonnen, die sich nicht zutraute, mich zu führen. Obgleich mir überhaupt nicht danach zumute war, redete ich mir ein, die „Herren"-Rolle mit dem dominanten Teil meiner Persönlichkeit ausfüllen zu können: Ich würde ihr schon zeigen, wo es auf der Tanzfläche langgeht.

Die Schritte waren schnell gelernt, und doch quälten wir uns unverhältnismäßig ab, bis ich es mit einer anderen Partnerin versuchte. Die schob mich mit wohldosierter Kraft durch den Raum, forderte mich mit subtilen, aber unmißverständlichen Gesten dazu auf, komplizierte Figuren zu versuchen. „O wie butch!" seufzte ich und fühlte mich zu Hause.

Unverhältnismäßig lange umeinander herum tänzeln oft auch Lesben, die sich voneinander angezogen fühlen. Ein unbestreitbarer Vorteil des Butch/Femme-Konzepts liegt in meinen Augen darin, daß es einer der beiden Beteiligten offiziell gestattet ist, ja von ihr verlangt wird, die notwendigen Schritte einzuleiten. Der berechtigten Kritik, daß dies aber eine zu einseitige Rollenverteilung sei, kann nur entgegnet werden, daß es im anderen Fall mit einer wesentlich geringeren Wahrscheinlichkeit zum Sex kommt. Beide dazu erzogen, als Frau die sexuelle Initiative dem Mann zu überlassen, kommen wir meist nur schwer zur Sache. Oft wirkt sich diese Passivität in längeren Beziehungen lusttötend aus, wenn zudem keine mehr die zu einer einzigen verschmolzene Identität aufzulösen vermag – der berüchtigte *lesbian bed death*, bei dem ein kleines Rollenspiel „ich Tarzan, du Jane" oft Abhilfe schaffen kann. Und meiner Erfahrung nach hat kaum eine Butch etwas dagegen einzuwenden, von mir als Femme aktiv angemacht zu werden.

Was mir an jeglicher Debatte über lesbische Lebensstile und insbesondere Sexualität bzw. Erotik fehlt, ist das Ausbauen von Begriffen und Ideen: Der Feminismus begann mit Forderungen wie Erweiterung des gesamtgesellschaftlichen Sexualbegriffes um die Homosexualität und Zuerkenntnis einer eigenen Sexualität für Frauen. Damals gab es zuerst einmal viel Neugier und Entdeckungslust.

Und genau diese Neugier für die Geschichte lesbischen Lebens inklusive erotischer Spielarten, zu denen auch KV und Femme zählen, sollten wir uns bewahren; es ist schließlich unsere Geschichte, die schon von anderen genug unterdrückt wird.

Vor dem Hintergrund der gesamtgesellschaftlichen Entwicklung gibt es noch viel zu entdecken, darunter Lebensformen, Identitätsformen, die patriarchal geprägt und damit per se für uns indiskutabel sein sollen.

Heute beschränken wir uns selbst öffentlich, indem wir Diskussionen nur noch im kleinen Kreis annähernd Gleichgesinnter führen und genau abwägen, wem die Ergebnisse in welcher Form präsentiert werden sollten, was ich für sehr konservativ halte. Unsere Neugier ist längst gestorben. Statt einer jungen Lesbe geduldig zu erklären, welche unterschiedlichen Möglichkeiten der erotischen Orientierung und des kulturellen und politischen Ausdrucks ihr offenstehen und wie sie von den unterschiedlichen Fraktionen eingeordnet werden, drohen ihr zischelnde Verweise, wenn sie naive Fragen stellt. Wie soll denn eine Frau Lust aufs Lesbischsein bekommen, wenn sie von einem Regelwerk ins nächste fällt?

> *Politisch korrekte Sexualität ist ein paradoxes Konzept. Eine der vorherrschenden Auffassungen des Feminismus besagt, daß Frauen autonom sein und ihr sexuelles Begehren selbstbewußt definieren sollen. Doch wenn eine Frau sagt: „So und so sieht mein Begehren aus", eilen die Feministinnen herbei und schelten sie: „Nein, nein, dein Kopf ist noch vom Schwanz beherrscht. Du solltest einen solchen Akt nicht begehren."*
>
> *[...] Wir kennen einfach noch lange nicht alle Begierden aller Frauen. Tatsächlich besteht das Problem darin, daß wir zu früh in der Geschichte der Frauenbewegung aufgehört haben, Fragen zu stellen.*
>
> *[...] Unser gegenwärtiger Mangel an Neugier beeinflußt auch unsere Sicht auf die Vergangenheit. Wir erforschen nicht das gesellschaftliche Leben der Lesben der Fünfziger aus der Arbeiterschicht, wir nehmen einfach an, daß sie alle Opfer waren. Unsere angenommenen Antworten hielten uns vom Hören ab und waren das Ende unserer Analyse.*
>
> *(Nestle 1992, 140)*

Die Verdrängung bestimmter Ausdrucksformen ist nichts anderes als Selbstzensur, mit deren Auswirkungen als Grauschleier auf das lesbische Leben und Erleben ich immer wieder konfrontiert werde.

Im März 1996 halte ich an der Volkshochschule einen Vortrag mit dem ominösen Titel „Kesse Väter, Femmes und lesbische Tunten". Um Verwirrung zu stiften und zu verhindern, daß meine Lebenserfahrungen hier einfach konsumiert werden, beginne ich mit einem Spiel: Jede Teilnehmerin erhält zwei Zettel. Auf dem einen soll sie sich auf JoAnn Loulans berühmter

Doppelskala mit Punkten von eins bis zehn für jeweils Femme und Butch einschätzen, auf der anderen die Frau zu ihrer Linken. Die Auswertung bestätigt meine Annahme, daß auch die theoretisch nicht eingeweihte Lesbe Butch- und Femme-Energie intuitiv erkennen kann und damit, daß trotz aller Zensur die Überlieferung spezifischer Fähigkeiten und Kommunikationsformen funktioniert hat.

Die Zettel, auf denen die Teilnehmerinnen sich selbst einordnen sollten, weichen ausnahmslos kaum von der goldenen Mitte ab: Alle beanspruchen für sich selbst Werte zwischen vier und sechs auf jeweils beiden Skalen, also die idealtypische Androgynie.

Die Fremdeinschätzung hingegen wirft ein ganz anderes Licht auf die Gruppe: Zehn Punkte bekommt zwar keine, aber die Werte liegen breit gestreut zwischen zwei und neun auf jeder Skala. Eigentlich hätte ich den Vortrag an dieser Stelle abbrechen und die Frauen sich selbst überlassen können – die Aufregung ist spürbar: „Wie kommst du denn darauf?" schwirren entsetzte Ausrufe durch das kahle Klassenzimmer.

Wobei das Entsetzen wie erwartet besonders laut geäußert wird, wo hohe Punktzahlen auf der Femme-Skala angegeben wurden. Klarer kann internalisierter Weiblichkeitshaß kaum illustriert werden. Hier zeigen sich für mich die wirklich tragischen Auswirkungen der Sozialisation im Patriarchat.

Als Femme fühle ich mich zutiefst verletzt und abgewertet, und aus solchen, leider alltäglichen Eindrücken ziehen offenbar einige Lesben traurige Konsequenzen. Als nach dem Vortrag einige Teilnehmerinnen im Café weiterdiskutieren möchten, rückt eine sehr junge Lesbe schüchtern damit heraus, daß sie im Arbeitsalltag sehr wohl Röcke trage und gar nicht einmal ungern, doch hätte sie sich noch nie getraut, einen in die Lesbendisco anzuziehen. „Warum?" frage ich und bekomme bestätigt, was ich vermutet hatte: Sie fürchtete sich davor, abschätzig behandelt zu werden. Jetzt, wo sie wisse, daß es noch eine Minirockfanatikerin in der lesbischen Szene gäbe, würde sie es allerdings vielleicht doch einmal versuchen.

Die Crux der aktuellen Diskussion um Butch-Femme-Identität ist die Frage nach ihrer Autonomie: Drückt die Langlebigkeit des Butch/Femme-Ausdrucks die bösartige Macht der heterosexuellen Geschlechterordnung aus – oder ist sie (und so möchte ich argumentieren) eine lesbenspezifische Art, Geschlecht zu dekonstruieren, die auf radikale Weise die erotische Energie von Frauen kultiviert? Lassen sich Butches und Femmes von der Heterosexualität an der Nase herumführen oder sind sie Geschlechterpionierinnen, die einen alchemistischen Dreh gefunden haben? (Nestle 1992, 14)

Gegen die Auffassung, Butch/Femme sei eine Nachahmung heterosexueller Klischees, verwahren sich fast alle wissenschaftlichen, öffentlichen und privaten Vertreterinnen dieses Lebensstils. Trotz gewisser Ähnlichkeiten unterscheidet sich die erotische Kultur von Butch/Femme stark von der der Heteros. Zunächst folgt das erotische System von Butch/Femme nicht der Geschlechterunterscheidung der vorherrschenden Kultur. Die aktive oder „maskuline" Partnerin wird mit dem Geben von Befriedigung assoziiert. Normalerweise wird genau diese Dienstleistung aber mit Femininität verbunden. Obwohl die traditionelle Butch aktiv ist, verhält die Femme sich nicht passiv. Mit ihrer Empfänglichkeit drückt sie aus, daß sie aktiv begehrt werden und der Butch ihre erotische Erfahrung anbieten will. Wie es Pat Califia in *Sapphistrie* so treffend ausdrückte:

Es gehört schon eine recht komplizierte Geistesgymnastik dazu, eine Frau, die andere Frauen als Sexpartnerinnen vorzieht, der Nachahmung Heterosexueller zu bezichtigen. Eine Femme-Frau, die eine KV-Frau als Liebhaberin will, würde sich nicht mit einem männlichen Partner zufriedengeben. Sie will einen bestimmten Typ von Frau. Sie ist eine Lesbe.

(Califia 1985, 138)

Hinzu wurde und wird der Femme oft angelastet, als Hetera durchgehen zu wollen:

> *Heute, in den Jahrzehnten der Frauenbewegung, vertritt die Femme-Lesbe am deutlichsten dieses Problem mißverstandener Entscheidungen. Wenn wir uns anziehen, um uns selbst und den Frauen zu gefallen, denen wir unser Begehren signalisieren wollen, nennen Frauen unserer Szene uns Verräterinnen, weil wir anscheinend die Kleidung des Feindes tragen.*
>
> *Make-up, hohe Absätze, Röcke und aufreizende Kleidung, sogar bestimmte Arten der Körperhaltung werden als Kapitulation gegenüber der patriarchalen Kontrolle über den weiblichen Körper gelesen. Diese Kritik trifft zu, solange sich die Frau unwohl fühlt oder dazu gezwungen wird, sich so zu präsentieren. Aber es trifft nicht zu, wenn ich mich voller sexueller Power fühle und dieses Gefühl anderen Frauen mitteilen will. Femmes sind Frauen, die Entscheidungen getroffen haben, und wir müssen in der Lage sein, zwischen den Zeilen der Kultur zu lesen, um ihre Stärke zu würdigen. Lesben sollten sich als Meisterinnen der Diskrepanzen verstehen, weil sie wissen, wieviel Macht in der Änderung eines Kontexts liegt.*
>
> *(Nestle 1992, 141)*

Und damit werden Butches und Femmes zu Erfinderinnen neuer Lebensentwürfe:

> *Während die Butch Geschlechterrollen dekonstruiert, konstruiert die Femme Geschlecht. Sie stellt ihre eigenen Zutaten zusammen zu dem, was es heißt, Frau zu sein, eine Identität, mit der sie leben und lieben kann.*
>
> *(Nestle 1992, 15)*

Zu beschreiben, woran sich die Sexualität einer Femme im Unterschied zu der einer Butch nun genau festmacht, ist schon vielfach versucht worden, wobei immer wieder die Gefahr betont wird, daß das „Annehmen", „Empfangen", kurz das Verführt- und Geficktwerden mißverstanden werden könnte. Dies liegt ganz offensichtlich an der entsprechenden Bewertung nach Auffassung der herrschenden Sprach-, Denk- und Empfindungskultur.

In ihrem Aufsatz *Femme: Very Queer Indeed* erklärt Victoria Baker auf etwas eigenwillige, aber durchaus nachvollziehbare Weise Butch/Femme mit zwei Energieformen – der akzeptierenden und der sich durchsetzenden –, die, wie sie sagt, auf einem Kontinuum existieren. Die gesellschaftliche Überbewertung der einen Energieform habe dazu geführt, daß wir unseren Genitalien entsprechend in zwei Extreme eingeteilt wurden.

Butch/Femme nun würdige dieses Kontinuum, indem es in genitaler Unabhängigkeit die verschiedensten Ausprägungen kultiviere. Baker selbst siedelt ihre persönliche Energie im entspannten Zustand sehr am akzeptierenden Ende des Kontinuums an:

> *Ich sage das mit Stolz, weil ich die Kraft kenne und schätze, die im Akzeptieren liegt. Diese Energie wird allen Frauen unabhängig von ihrer wahren Natur verordnet, während sie dazu erzogen werden, genau diese Energie zu verabscheuen. Dabei ist sie in Wirklichkeit genauso kraftvoll, leistungsfähig und wichtig wie das sich Durchsetzende. Tatsächlich kann der Gebrauch akzeptierender Energie überraschend effektiv sein, weil das Sich-Durchsetzen so überbeansprucht ist.*
>
> (Baker 1995, 52)

Beim Lesen von Amber Hollibaughs Erklärung im Anfang der Achtziger aufsehenerregenden Artikel „What We're Rollin' Around in Bed With" ist förmlich zu spüren, wie sie sich um patriarchal verunglimpfte Formulierungen herumwindet:

> *Es ist schwer, über so etwas wie das Abgeben von Macht zu sprechen, ohne daß es nach Passivität klingt. Ich ergebe mich*

einer Frau entsprechend ihrem Maß an Begehren. Ich expo-
niere mich, damit sie mich anerkennt. Ich öffne mich für sie,
um herauszufinden, wie sehr sie meine Weiblichkeit lieben
kann. Ich möchte, daß sie darauf reagiert. Es mag sein, daß
ich nichts Aktives mit meinem Körper mache, sondern daß ich
das Begehren, das ich in ihren Händen spüre, wenn sie mich
berührt, erotisiere.

(Hollibaugh/Moraga 1992, 244)

Schon wesentlich selbstbewußter, aggressiver kommt etwa zehn
Jahre später die Darstellung von Victoria Baker daher:

Wer behauptet, eine Frau, die gefickt wird, sei auf jeden Fall
in einem passiven, hilflosen Zustand, gibt vor, die Vagina sei
ein passives Ding. Meine ist es nicht! Wenn ich gefickt werden
will, schnappt meine Möse nach Penetration, und ich kann in
bezug auf das, was ich will, ziemlich überzeugend werden.
[...] Das archetypische Bild der vagina dentata *(der Vagina*
mit Zähnen) enthüllt die Kraft weiblicher Sexualität und die
Angst, die diese Kraft auslöst.

(Baker 1995, 53)

Bei aller Entwicklung unabhängiger Definitionen läßt sich
Butch/Femme für mich (noch?) nicht ganz vom Spiel mit den
gängigen Geschlechterrollen trennen. Als ich mit einer Freundin
einen Frauensexworkshop plane, geht es wieder einmal um die
Frage, ob auch Bi-Frauen teilnehmen sollen. Die Bedenken meiner Freundin beziehen sich auf den Part der Veranstaltung, wo wir
uns über unsere sexuellen Phantasien austauschen wollen. „Wie
sollen wir damit umgehen, wenn diese Bi-Frauen dort Heterophantasien zum besten geben? Das wird bei den Lesben vermutlich auf Unverständnis bis hin zum Abscheu stoßen." „Ach ja?"
entgegne ich. „Und was ist mit *meinen* Heterophantasien?" Mein
Gegenüber ist schockiert, und ich muß wieder einmal feststellen,
daß wir Lesben einander viel zu wenig kennen.

In der folgenden Zeit frage ich einige meiner Freundinnen und Sexpartnerinnen, welche Sexphantasien sie am stärksten erregen, ob sich darunter auch heterosexuelle fänden? Von einem verschämten „Doch ja, gelegentlich" bis zu einem selbstbewußten „Na klar, das ist das einzige, was mich wirklich antörnt" erhalte ich überwiegend Antworten, die dem politisch korrekten Klischee widersprechen. Dabei phantasierten die „geständigen" Femmes häufiger davon, gefickt zu werden, die Butches davon, einen Schwanz zu besitzen. Mit verspielten Sexpartnerinnen und entsprechenden Utensilien lassen sich zum Glück solche Phantasien auf jedem beliebigen Realitätslevel umsetzen.

Ich bin zwar schon vehement gegen Dildophobie aus der „lesbisch-feministischen" Ecke angegangen, doch als das Gelbe vom Ei empfinde ich die Silikon- oder Latexstöpsel per se nicht. Zwei bis fünf Finger tun für mich dasselbe oder mehr, außer ich schwelge gerade in einer adäquaten Phantasie. Und nur so kann ich mir auch die hochgradige Begeisterung erklären, die einige meiner Butch-Partnerinnen mit ihrem Dildo an den Tag legen konnten. In ihrer Vorstellung spielte sich offenbar etwas ab, was sie immens erregte, wenn sie ihren an sich empfindungslosen Gummischwanz in mich stießen. Neben dem physischen Eindringen des Dildos färbt solche Ekstase in der Regel auf mich ab, was das Geficktwerden/Ficken in einer permanenten Wechselwirkung auf eine höhere Qualitätsstufe schaukelt.

Ich hatte Sandra eine erotische Geschichte vorgelesen, die wir beide allerdings für ausgesprochen öde hielten. Da erfanden wir besser unsere eigene. Der chromglänzende Truck und der in der Sonne flirrende Highway wurden übernommen. Ein detaillierterer Ausbau der Phantasie scheiterte aber daran, daß sie ihren Dildo umschnallte und ihn in meine Möse schob, ungehobelt wie so ein Truckdriver eben manchmal ist. „Gefällt's dir, du verführerische kleine Hure?" „Ja!", stöhne ich. „Gib's mir ... Herbert!" Leider ging der herannahende Orgasmus in einem Lachkrampf unter.

Mit Lisa, die von vornherein ohne jede Scham ihre Vorliebe für „Hetero"-Phantasien zugab, pflegte ich einen besonders pikanten Umgang mit den Relikten meiner katholischen Erziehung, nach der die sexuelle Lust bekanntlich nur der Fortpflanzung dienen soll.

Nun, wo meine lesbischen Freundinnen zuhauf die biologische Uhr ticken hören, mit Hilfe schwuler Freunde oder anonymer Spermien schwanger werden und Familien gründen wollen, stelle ich fest, daß bei mir schon eher die Fortpflanzung der sexuellen Luststeigerung dienen kann: Ich will keine Kinder.

„Warum läßt du das Kondom heute nicht weg?" schlage ich meiner Liebhaberin vor. „Ich möchte dich ganz nahe bei mir haben." „Bist du sicher?" fragt sie. Wenn sie mit dem Dildo in mich eindringt, ziehen sich meine Eierstöcke zusammen und schicken eine Eizelle auf ihren Weg. Ich bin empfänglich, empfindsam, meine Erregung steigt um so mehr, je näher meine Geliebte ihrem Orgasmus kommt.

„Komm in mich", stöhne ich dann, „komm in mich hinein, ich spüre deinen Saft", und während sie zuckt, fühle ich, wie meine Möse jeden Tropfen aufsaugt, dann löst sich alles in einem einzigen Ziehen auf.

Was ich noch nicht zufriedenstellend eruieren konnte, ist, ob es auch Femmes gibt, die sich mit umgeschnalltem Dildo nicht vor allen Dingen tuntig fühlen.

„Zum Glück bist du keine von diesen ausschließlichen ‚Ich-mach-die-Beine-breit-und-du-besorgst-es-mir-Schatz'-Femmes", freute sich einmal eine meiner Liebhaberinnen. Tatsächlich liebe ich nur wenige Spielvarianten so sehr, wie einer starken Butch einmal zu zeigen, wo es langgeht, nachdem ich sie sozusagen mit falschen Versprechungen ins Bett gelockt habe. Und mir ist bis jetzt noch keine begegnet, die dagegen etwas einzuwenden hatte. Eher mußte ich schon aufpassen, daß sie in der Folge nicht allzu faul wurden.

„Na, wart's mal ab, es kommt noch besser", kündigte ich jener Geliebten an und befestigte mir den Dildo-Harneß über dem

Strapsgürtel und den Nahtstrümpfen. Ganz wohl fühlte ich mich nicht, erst ihre tiefen Seufzer und ihre zunehmende Erregung ließen mich mein ungewohntes Outfit vergessen.

Für Lesben, die solche Phantasien nicht kennen, ist es schwer zu beschreiben, warum ich sie ungern als „hetero" bezeichne. Vom ausgewachsenen Lastwagenfahrer bis zum unreifen Nachbarsjungen – wichtig ist in erster Linie deren aggressive sexuelle Energie. Ihr Männerkörper spielt nie eine Rolle; nur in einigen Fällen habe ich ein Bild ihres Schwanzes im Kopf. Weiter möchte ich mir ihr Aussehen gar nicht vorstellen; ich stehe weder auf Brusthaar noch auf den Ausschlag, den die Kombination von nassen Küssen und Dreitagebart auslösen kann.

Nein, tatsächlich ist meine jeweilige Liebhaberin immer ganz in und bei mir. Ich halte meine Phantasien für eine Hilfskonstruktion wie eben das Butch/Femme-Konzept auch: aufgewachsen mit Bildern und Vorstellungen, nach denen nur Männer die sexuelle Initiative ergreifen können, mit sexueller Aggressivität Maskulinität untrennbar verbunden ist, verschaffe ich mir auf diese Weise einen kreativen Ausweg aus dem bekannten Dilemma, daß Lesben nicht oft oder nicht überzeugend genug zur Sache kommen oder die sexuelle Aktivität nach der ersten Verliebtheitsphase verkümmert.

Natürlich kann und soll es bei der Hilfskonstruktion nicht bleiben. So, wie ich mein persönliches Konzept von Geschlechtsidentität permanent weiterentwickle, gehe ich auch davon aus, daß meine Auswahl an Bildern von initiativ werdenden Frauen/Lesben wächst und sich mir stets neue Varianten des erotischen und des sexuellen Umgangs, also *Verkehrs* eröffnen werden.

Schon als ich sie zum erstenmal aus dem Augenwinkel wahrnehme (und da trägt sie ganz banale Jeans; viel später erst wird mich ihr Anblick im gestreiften Seidenanzug nach Luft ringen lassen), spüre ich ihre Butch-Energie, als ob sie mich berührt hätte. Mein subtiler Flirtstil scheint auf sie keinen Eindruck zu machen, so daß ich mich nach einigen Wochen zum Frontalangriff entschließe. Eine Freundin gibt mir ihre Telefonnummer, ich fordere sie zu einem *blind date* heraus. „Du kennst mich zwar nicht, aber ich möchte dich trotzdem auf einen Drink einladen." „Na, sieh mal einer an."

Als ich kurz vor Schichtende den Laden betrete, wo Johnny als Barkeeper arbeitet, weiß sie gleich, daß ich ihr Date sein muß. „Ich habe auf dich gewartet", sagt sie und legt ihre große Hand kurz auf meine. Ich trinke fast nie Sekt, doch hier paßt kein Gin. Alles stimmt, die Choreographie ist perfekt: Ihr Feuerzeug flammt jedesmal genau in der Zehntelsekunde auf, wo die Zigarette meine Lippen berührt, und obwohl sie etwas kleiner ist als ich, habe ich das Gefühl, zu ihr aufzuschauen. Wie sie das macht, ist mir ein angenehmes Rätsel. Mit einem besitzergreifenden, aber dennoch federleicht aufliegenden Arm um meine Schulter führt sie mich aus dem Laden in eine nahegelegene Bar.

Am darauffolgenden Sonntag soll ich eine der Femmes in einem erotischen Video spielen. Ich weiß, daß auch Johnny um einen Auftritt gebeten wurde. Am Drehort eintreffend küßt sie mir die Hand: „Grüß dich, du Schöne." Nach zwei Stunden Dreharbeit bin ich völlig aufgelöst, haben doch alle anderen Femmes abgesagt, und ich spiele eine Doppelrolle zwischen zwei Butches. Es fällt mir schwer, Realität und Spiel zu unterscheiden, als sie mich nach einer Einstellung langsam an sich zieht und küßt. Die lüsternen Blicke, mit denen sie mich laut Regisseurin auffordernd betrachten soll, scheinen mir auch nicht allzu aufgesetzt; ein Prickeln wie vor einem schweren Gewitter liegt in der Luft. „Kleine" nennt sie mich, das hat bei meiner Körpergröße schon lange keine mehr gebracht, und gesteht mir, sie habe sich geärgert, mich am Vorabend nicht mit nach Hause genommen zu haben. „Gut", denke ich mir und schmiege mich später beim Tanzen noch enger an sie: Sie soll es wirklich bedauern. Sie singt mir italienische Schnulzen ins Ohr.

Johnny fragt mich, ob ich auch mit ihr zusammen wäre, wenn sie ein Mann wäre. Ich muß nicht lange überlegen. „Nein", sage ich. „Auf den ersten Blick könnte ich dich zwar vermutlich attraktiv finden, aber was mich wirklich fasziniert, ist genau die Spannung zwischen deinem Erscheinungsbild und dem, was du als biologische Frau bei deinem Äußeren und Auftreten aus dir gemacht hast, die permanente Auseinandersetzung mit Geschlechtergrenzen, die ihre Spuren auf dir hinterlassen haben."

Es berührt mich, mit welcher Begeisterung sie sich zum erstenmal mit angeklebten Koteletten im Spiegel betrachtet – Koteletten, die sie nun endgültig als Mann erscheinen lassen. Auch die Reporterin vom *Stern* läßt sich foppen und ist daraufhin hoffnungslos hingerissen. Johnny und seine Frau, die Femme, das findet sie gut. Nur: Auskünfte wie die von Andy, die auf die Frage, ob sie denn auf eher feminine Frauen stehe, antwortet: „Aber die Femmes sind es doch, für die ich lebe!", also Auskünfte, die mir eine Gänsehaut über den Rücken jagen, will diese Reporterin nicht hören. Sie nimmt mich in meinem Minirock als Anhängsel von Johnny wahr und fragt höchstens, ob ich es nicht unangenehm fände, daß dieseR mir alles abnehme, was die emanzipierte Frau doch selbst können müßte – eine Frage, die zu beantworten ich müßig finde, steht doch außer Frage, daß ich mein Leben ausgezeichnet ohne Kerl bewältigen kann und mir diesen Luxus, angebetet und bedient zu werden, erst leiste, seit ich mir meiner Stärke und Selbständigkeit ohne jeden Zweifel bewußt bin. Zum Glück verbiete ich Johnny irgendwann den Mund, bevor sie mit markig-mackerhaften Sprüchen Eindruck machen kann. Und das stellt sich hinterher als gut heraus, gesteht sie mir doch, sie habe sich gerade überlegt, wie es die Reporterin wohl fände, zu erfahren, daß Johnnys Braut am allerliebsten unten liegt.

Anders als Johnny habe ich dem Kerl in mir erst vor kurzem (wieder) Beachtung geschenkt, als ich als überzeugte Femme einmal versuchte, in der Öffentlichkeit als Mann durchzugehen.

Drag Kings waren mir zwar schon seit knapp zwei Jahren theoretisch ein Begriff gewesen, denn ich hatte Fotos und Reportagen aus den USA und England über diese Art des *gender fuck*, des Geschlechterverwirrspiels gesehen.

So war es keine Frage, als die New Yorkerin Diane Torr zu einem Vortrag nach Berlin eingeladen war, daß auch hiesige Frauen die Gelegenheit bekommen sollten, an dem „Drag King Workshop" teilzunehmen, den Diane Torr entwickelt hat.

Den Workshop zu organisieren war das kleinere Problem. Was mir Kopfzerbrechen bereitete, war, ob ich selbst daran teilnehmen sollte. Ich haderte zwei Wochen mit mir, redete mir ein, ich hätte die nötige Teilnahmegebühr nicht, müßte am selben Wochenende so viele andere Dinge tun. Kurzum: Mir graute vor der Vorstellung. Ich fragte mich, was passieren würde, wenn ich als überzeugte Femme den Mann in mir herauslassen sollte. Würde ich überhaupt einen finden? Bisher hatte er sich mir jedenfalls noch nicht vorgestellt. Würde er sich vielleicht als widerlicher Macho entpuppen? Und – Hilfe! Vielleicht wäre er sogar meinem Vater ähnlich!

Der Workshop sollte beginnen, und ich war immer noch unentschlossen. Die Teilnahmegebühr hatte ich „vorsichtshalber" ins Portemonnaie gesteckt, die erforderlichen Zutaten wie Kleidung und Haargel allerdings nicht mitgebracht. Als Mitorganisatorin stand mir zum Glück frei, mir die Sache erst mal anzuschauen.

Da wurden also die Klamotten ausgepackt, die jede ihrem Alter ego zugedacht hatte. Vom schwarzen Anzug inklusive goldener Manschettenknöpfe bis zum kompletten Lederoutfit war alles dabei. Diane Torr tauschte zwei, drei Kleidungsteile aus und schickte uns dann nach Hause, um das zu besorgen, was noch fehlte.

Und da – mitten auf der Yorckstraße – radelte er im Geiste plötzlich neben mir her – Bernd hieß er. Er war ein netter junger Schwuler aus einer beliebigen Kleinstadt und eigentlich ganz sympathisch. Sein Outfit lag komplett bei mir zu Hause: weißes T-Shirt, Levis, Gay Pride-Anhänger, Westernstiefel, Basecap.

Alles weitere ergab sich während der nächsten Stunden. Daß er sechsundzwanzig war, einen Bart trug und Maschinenbau studierte. Ein in Feinarbeit modellierter Echthaarschnäuz, Bart-schatten, Brustbinde und Schwanzersatz in der Hose definierten Bernd als Mannsbild. Mit verschiedenen Übungen brachte Diane Torr ihn und die anderen Möchtegern-Jungs auch in bezug auf Körpergefühl und -ausdruck in Form. Männer stehen anders, gehen anders, essen und trinken anders und sprechen anders, wenn sie nicht gerade vielsagend nicken oder gewichtig schwei-gen.

Charaktere kristallisierten sich heraus, zum Teil waren die ganz schön widerlich. Einige Workshopteilnehmer kamen zum Beispiel mit Bernds Schwulsein nicht so gut klar. Mit Ralf ging es ja noch, der war der klassische Neuberliner Student, trug seine langen glat-ten Haare als Pferdeschwanz – frau/man kennt den Typ –, kauft sich vom nächsten elterlichen Unterhalt ein Handy. Aber wenig-stens wagte Ralf nicht, Bernd blöd anzumachen, dazu kreiste er viel zu sehr um seinen eigenen Kern.

Andreas hingegen, der war Autohändler, Mercedes, jawoll. Und der Alexander fand sich so ganz normal. Er fuhr im Urlaub gern nach Thailand und erzählte, er wolle sich irgendwann da „so ’n Mädchen" mitbringen. Ich – als Birgit wie auch Bernd – wir kriegten beide eine Gänsehaut!

Rocco kam aus dem tiefsten Neukölln, hing immer mit seinen Motorradkumpels rum und hatte wahrscheinlich noch nie einen leibhaftigen Schwulen gesehen. Dumme Sprüche kamen erst mal am laufenden Band, aber nach Mitternacht und seinem dritten Bier geriet er schließlich doch noch in Verbrüderungslaune. Doch da saß ich ja auch mit ihm in der ersten Reihe der Sexyland-Strip-show, wo bekanntlich nur echte Männer reinwollen bzw. auch reingelassen werden.

Weil Rocco so klein war, hatte es an der Kasse noch Ärger gege-ben – die wollten wissen, ob er denn volljährig sei. Ohne mit der Wimper zu zucken und mit einem verächtlichen „Det is do woll ni wahr!" schob Rocco seinen auf Maria Elisabeth oder so ausge-stellten Personalausweis durch, die Kassiererin warf einen kurzen Blick aufs Geburtsdatum und die Türsperre ging auf. Uns in einem Sexclub aufzuhalten war nämlich die Abschlußprüfung von Diane Torrs Workshop.

Den Unterschied am eigenen Leib zu spüren, den „typisch" männliches Verhalten auf mich selbst und meine Umwelt auslöst, das war für mich eigentlich das Spannende an diesem Workshop. Einige Butch-Freundinnen konnten meinen Enthusiasmus partout nicht nachvollziehen, hatten sie sich doch schon immer gegen die normierten Erwartungen an ihr Rollenverhalten gewehrt und „typisch" feminines Auftreten im Rahmen ihrer gesellschaftlichen Möglichkeiten längst abgelegt.

Als Femme nehme ich auch nach dem Drag King-Workshop immer noch nicht so viel Raum ein, wie jeder Mann ganz selbstverständlich beansprucht. Ich kann – und vor allem will – meist nicht so reden und gestikulieren, wie der stereotype Mann es tut. Aber ich nehme deutlicher wahr, was da vor sich geht.

Und hin und wieder überkommt mich der Wunsch, in mein Alter ego zu schlüpfen, mich zuvorkommend behandeln zu lassen, Platz zu kriegen, wo ich will, und der Meinung zu sein, daß alles *mir* gehört, der Fleck, auf dem ich stehe, die Straße, auf der ich gehe, und alles, was ich anfasse.

Eine Gelegenheit zur Selbsterfahrung, die ich mir bisher habe entgehen lassen, ist die Suche nach der Tunte in mir.

Handtäschchen, pinkfarbene Pumps, geschlitztes Pailletten-kleid. Abgespreizter Teetassenfinger, der doppelte Colliergriff mit schlaffen Handgelenken und dazu ein spitzes „Huch!". Das klingt für viele Lesben nach purem Horror, stehen diese Kleidungsstücke und Gesten doch stellvertretend für die Normen, mit denen die patriarchale Gesellschaft versucht, uns Frauen im Zaum zu halten. Und die haben wir längst überwunden. Ebensowenig mögen wir ihre Kultivierung durch Männer, um genauer zu sein, Tunten. Tunten verachten Frauen, indem sie sie nachäffen, meinen viele und erkennen nicht das subversive Potential der überspitzten „Damendarstellung".

Und zwar wahrscheinlich, weil eben die Wurzeln dieser normierten Ausdrucksformen sehr wohl noch in ihnen stecken und eine Karikatur sie so persönlich verletzt.

Natürlich gibt es Grenzen. Es gibt immer wieder Damendarsteller, die auf der Bühne die vermeintlichen, stereotypen Schwächen von Frauen verlachen lassen oder gar homofeindliche Witze machen. Ich meine aber Tunten von ganzem Herzen, die Respekt vor Frauen haben, Frauen für ihre Kraft bewundern und die sich als Tunte genau diese weibliche Stärke einverleiben wollen.

Nun tun sich Lesben ja oft etwas schwer mit Satire. Doch indem wir die patriarchalen Normen mit strenger Miene ablehnen und – vor allen Dingen – indem wir als Lesben nur diejenigen wahrnehmen und anerkennen, die auch schon „soweit" sind, schaffen wir nur neue Normen, die die alten überlagern, und schränken unseren Horizont auch noch freiwillig ein.

Zu Anfang wurde sie noch belächelt, heute kann Fräulein Kaiserin für sich in Anspruch nehmen, viele Lesben ein entspannteres Verhältnis zum Frausein gelehrt zu haben. Fräulein Kaiserin lebt als offen lesbische Tunte (wie einige wenige andere Anhängerinnen dieses Lebensstils) und schält während ihrer mehrtägigen Workshops – ähnlich wie im Drag King-Workshop – den stereotyp weiblichen Anteil der Teilnehmerinnen heraus. Was vermutlich im Vorfeld bei einigen Kursbesucherinnen ähnliche innere Konflikte ausgelöst hat, wie ich sie auszutragen hatte, als ich den Mann in mir suchen sollte (als Femme, die durchaus auch einmal die Grenzen des Anstands überschreitet, kenne ich hingegen meine „innere Tunte" schon, sie jagt mir keine Angst ein).

Bei „Tucking for Beginners" wird eingekauft, wie es nuttiger oder eleganter nicht mehr geht, geschminkt, wie noch nie, und schließlich kreischen, juchzen und stöckeln geübt. Und genau wie beim Drag King-Workshop hat dieser Tuntenkurs vermutlich in der Regel keine dauerhaften Persönlichkeitsveränderungen zur Folge. Außer, daß der heimliche Horror davor, daß eine der verteufelten Gesten oder eine verborgene Obsession mit Stöckelschuhen unvermittelt aus der normierten Lesbe herausbrechen könnte, besiegt ist. Es wäre ja nicht so schlimm, wie im sicheren Experimentierraum Workshop festgestellt werden konnte.

Drag King oder lesbische Tunte, mindestens eines von beiden sollte jede Lesbe einmal ausprobieren. (Ganz zu schweigen von den Tuntenklassen und Kerl-Kursen für Schwule, die oft noch verbohrter auf ihren Rollen bestehen.) Und zwar zu dem simplen Zweck, vollständiger zu werden – wie auch im unverklemmten Spiel und in der neugierigen Akzeptanz in bezug auf Butch/Femme –, verkannte Kraftquellen zu entdecken und verdrängte Ausdrucksformen zu integrieren, und zwar genau dann, wenn *wir* es wünschen oder brauchen.

Teile dieses Beitrags wuchsen aus der kontinuierlichen Diskussion mit meiner Freundin und Geschäftspartnerin Barbara Wieler. Für Erfahrungen, Anregungen und Streitereien in Sachen Butch/Femme danke ich Susie Bright, JoAnn Loulan, Dagmar Schadenberg, Andrea Krug, Ahima Beerlage, Rafaela W., meiner Therapeutin, Sascha B., Herma H., Sabine M., Jojo, Johnny und Lisa K.

Metamorphose

Ahima Beerlage

Als ich zum erstenmal auf einer lesbisch-schwulen Party in einem rauschenden Ballkleid, mit perfekter Frisur und glitzerndem Make-up auf der Bühne stand, war das der vorläufige Höhepunkt meiner Femme-Werdung. Ich war in meine weibliche Form zurückgekehrt – und ich genoß es.

Ich stand also im Scheinwerferlicht und blinzelte in die lesbisch-schwule Gemeinde. Da tummelten sich toupierte Drag Queens und coole Butches. Die meisten Frauen aber waren mit karierten Hemden und hautengen Jeans bekleidet und balancierten auf ihren spitzen Cowboystiefeln. Meist hielten sie ihre Arme abwehrend verschränkt vor ihre kaschierten Brüste und starrten finster unter ihrer Kurzhaartolle hervor. Viele trugen – unbeeindruckt von der Hitze in der Halle – eine schwarze Lederjacke mit hochgeschlagenem Kragen. Vergeblich versuchte ich in der wogenden Menge eine geschminkte, wohlfrisierte Dame auszumachen. Noch Monate nach der ersten Show wurde ich gefragt, ob ich heterosexuell wäre, weil ich in Kleidern auftrete.

Madonna, Marilyn Monroe und die ganze Legion weiblicher Ikonen waren verpönt. Stärke auf Stöckeln schien für die meisten Lesben unvorstellbar, hatten sie sich doch gerade erst den breiten Gang, die sonoren Stimmen und die finstere Stärke der Männer angewöhnt. Sie hatten die letzten Ausläufer der androgyn-politischen Lesbenuniform aus lila Latzhosen und Schlabberpullis verlassen und sich in weibliche James Deans verwandelt. Sie schwärmten für Cowgirls und harte Detektivinnen. Daß Madonna 1979 gesagt hatte, in zehn Jahren würde sie ein Weltstar sein und es auch geschafft hat, und daß Marilyn Monroe lieber Selbstmord beging, als sich an die Kennedys als Spielzeug zu verlieren, wurde ignoriert. Sportlerinnen wie Martina Navratilova zierten jetzt die Wände der Lesben-WGs. Erleichtert ließen viele Junglesben die Weiblichkeitssymbole hinter sich. Mit der Weiblichkeit verschwanden ihre Brüste in bauschigen Hemden, ihr kokettes Flirten hinter mißtrauischen Blicken.

Hinter den Fassaden fand ich viele Kleinmädchenblicke.

Doch wie passe ich in diese Welt? Mein Spiegelbild gibt mir die Antwort. Ich drehe mich in meiner schwarzen Korsage. Meine Brüste sind in zarte Spitze geschmiegt, und mein runder Bauch, meine ausladenden Hüften werden vom schwarzseidenen Mieder eng umhüllt. Ich taste mit meinen Fingern nach dem Übergang zwischen straff gespanntem seidigen Stoff und der weichen, warmen Haut meiner Oberschenkel. Strapse ziehen sanft, aber bestimmt die Netzstrümpfe zu meiner bloßliegenden Leiste. Meine runden Beine scheinen hell durch das Geflecht der Maschen. Ich bin rund und weich.

Jahrelang ging ich Spiegeln aus dem Weg. Seit der Pubertät hatte ich die Veränderungen meines Körpers nicht akzeptiert, zu viel schmerzliche Verwirrung hing damit zusammen. Ich verlor meine Freundinnen an rotznäsige Stoppelbärte mit Mofas. Ich selbst wollte nur eines dieser Mädchen berühren, aber mein weiblicher Körper – so schien es mir – stand dem im Wege. Auch die wehklagende, von meinem Vater abhängige Rolle meiner Mutter erschien mir wie ein Alptraum. Und genau so, wie ich es vermied, mich an die Lebensregeln meiner Mutter zu halten, wollte ich nicht die geringste äußerliche Ähnlichkeit mit ihr haben.

Die Frauenbewegung mit ihrer Ablehnung der klassischen Frauenrolle war wie eine Erleuchtung für mich. Bereitwillig rasierte ich mir alle Haare von Kopf, zog wallende Latzhosen an und verbrannte meinen BH. Ich schien gesiegt zu haben; das verwirrte Mädchen hatte ich auf dem Sofa meiner Mutter zurückgelassen.

Begeistert machte ich die Frau zur furchtlosen Heldin. Bis ich bemerkte, daß ich diese Heldinnen lediglich schön fand, selbst aber keine Ambitionen hatte, eine zu werden. Es war für mich eine Qual, meine großen Brüste beim Laufen schmerzhaft schaukeln zu lassen. Ich wollte heulend im Kino sitzen und die sentimentalen Stellen nachher mit meiner besten Freundin noch einmal durchleiden. Ich wollte kokettieren, mich von den wahren, wortkargen, verschlossenen Gentlewomen umwerben lassen. Ich wollte mich schminken, nach Parfüm duften. Vor einer Party wollte ich in Panik ausbrechen, um herauszufinden, was ich wirklich anziehen könnte.

Doch all das galt als korrupt, als billig, als hetero.

Immer wieder luden meine üppige Figur, meine redselige Art und meine Gutmütigkeit die brummbärigen Butches dazu ein, mir ihre Sorgen und Nöte anzuvertrauen. Oft wurde mehr aus dieser Kummerkastensituation. Wie gerne sehe ich noch einmal das fassungslose Begehren in den Augen dieser scheinbar so harten Frauen vor mir, wenn sie mein Hemd aufknöpften und ihr erster Blick auf meinen nackten weichen Körper fiel. Und dann bewahrheitete sich oft das Sprichwort „Butch on the streets – femme in the sheets". Allzu bereitwillig ließen sie sich in meine Armen fallen, während ihr Mund auf meinen Brüsten ruhte. Hier konnten sie ihre Phantasie leben, eine richtige Frau verführt zu haben – und genossen es. Ich lernte ihre Schwächen kennen, all die Mühe zu respektieren, die es ihnen machte, in unserer Welt diese coole Rolle zu spielen. Aber nie hätte ich sie verraten.

Ich lernte von einer Butch, mich unsichtbar lenken zu lassen – als erotisches Spiel. Sie befahl mir, ohne Unterwäsche und nur mit einem Harneß unter meiner Alltagskleidung herumzulaufen. Dabei schützten ihre Blicke mich vor Angriffen. Sie starrte mir oft fassungslos hinterher, wenn ich durch eine Menschenmenge ging, und ich genoß die heißen Schauer, die mir dabei über den Rücken jagten. Wir waren glücklich und befreit in unserem Spiel. Dennoch war ich äußerlich immer noch in die berühmte Jeans und das passende Hemd gekleidet. Noch beschränkte sich mein weibliches Coming-out auf das Schlafzimmer.

Doch dann traf ich meinen schwulen Freund. Er sah all die Dinge in mir, die ich sorgfältig zu verbergen suchte. Er überredete mich, als Femme auf die Bühne zu gehen. Er entwarf für mich Kostüme mit gewagtem Ausschnitt und endloser Schleppe. Er inszenierte die Prinzessin, die in mir steckte. Wenn ich als Eiskönigin auf die Bühne ging, dann war ich sein und mein Traumbild. Ungeahnte Glücksgefühle erfaßten mich im Scheinwerferlicht. Ich hatte sie alle besiegt: das dreizehnjährige Mädchen, die so gern mit einem Mädchen geschlafen hätte, und die bigotte Hausfrau, die mein Schicksal hätte sein sollen. Ich war ein Weib. Ich konnte aus den Gentlewomen all die Verführungskunst, ihren Charme und ihre Liebesfähigkeit herauskitzeln. Da standen sie mit sehnsüchtigen Augen am Bühnenrand und hatten nur einen Wunsch: einmal ihren Kopf in meine hochgeschnürten Brüste zu legen.

Ich sah ihnen an, daß sie wußten, wie mutig ich sein mußte, um in diesem Outfit auf der Straße zu stolzieren. Sie wußten von den unflätigen Bemerkungen und von den eindeutigen Gesten, die ich bei Männern hervorrufen mußte. Aber die Butches wußten auch, wenn ich mit ihnen ging, daß ich mich ihnen anvertraute. Mitten in diesem zweiten Coming-out lernte ich diese Gentlewoman kennen, die mir all diesen Raum und Respekt ließ, um mein Femme-Sein zu leben. Sie genießt meinen Anblick, antwortet charmant auf meine Koketterie. Wenn ich in großer Abendgarderobe auftrete und mit Komplimenten anderer Butches überhäuft werde, steht sie geduldig am Rand und lächelt. Ihr Motto: Ich bin die Frau, mit der sie nach Hause geht.

Sie genießt meine Eitelkeit und entdeckt auch die eleganten Seiten ihrer Butch-Sehnsüchte noch einmal neu. Als sie mich vor einiger Zeit bei einem großen Ereignis mit frischrasierter Glatze, einem gutsitzenden Smoking, Fliege, mit auf Hochglanz polierten Lackschuhen und Bauchbinde an ihrem Arm durch die staunende Menge geleitete und ich dadurch beruhigt mein bodenlanges Ballkleid, meine Straßohrringe und meine miedergeformte Üppigkeit zur Schau stellen konnte, da wußte ich, daß wir unschlagbar sind.

Ich bin stark und berge die Geheimnisse und Schwächen so mancher Butch in mir. All die Frauen, die ich jahrelang verleugnet habe, denen ich ihr eigenes Handeln im Patriarchat abgesprochen habe, nur weil sie Stöckelschuhe und Lippenstift tragen, sind jetzt auch ein Teil von mir. Ich fühle mich vollständig, weil ich mir nichts mehr versage.

Della Grace

Photographien

Simo, My Butch Lover, 1995

Jane DeLynn, 1992

Rita Lynch, 1993

Pegga Shaw, Famous Butch, 1993

Lipstick Lezzie, 1993

Carole, Femme, 1991

Billy Boy, 1989

Skeeter, 1991

Bear and Aphra, 1991

Lulu and Kimo, 1991

3 Style Butches, 1995

Stafford, Lucy and Jackie, 1995

Teena and Pamela, 1992

Lulu, 1992

Big Jane, 1993

Wailynn and Claire, 1994

Amy Lamé and Levi, 1995

Helgarde and Billy, 1996

Jo and Isling, 1992

Jackie and Stafford, 1995

Lamento einer Butch der Neunziger

Von Unmöglichkeiten

Hanne Neumann

Für E., die es auch spielt – und es nicht weiß?

Dieser Text ist per se ein Paradoxon. Eine Butch verhält sich stets zurückhaltend, aufmerksam, zuvorkommend, schützend, freundlich, wärmend, charmant, und sie ist vor allem eins: nicht schwatzhaft. Worüber sie am wenigsten redet, ist über sich selbst. Und nun sitzt also eine Butch der Neunziger vor Ihnen – ich sieze Sie, weil ich die Distanz vorziehe – und erzählt von ihrem Innenleben. Ich für meinen Teil finde das entlarvend und peinlich, und meine Rolle widerstrebt mir sehr. Allerdings – indem ich mein Sprechen als Sprechen in einer Rolle verstehe, wird mir der Redefluß leichter, und ich nutze die Situation, um mir einiges von der Seele zu reden, was mich schon lange bedrückt.

Ich nehme an, daß Sie – als meine Zuhörerin – eine Femme sind. Anders kann ich es mir nicht vorstellen. Mit anderen Butches habe ich bisher nie über mich geredet oder ihnen von mir erzählt – einfach so. Wir tun das nicht. Wenn wir reden, dann meistens über unsere Frauen (ich weiß, daß das politisch nicht korrekt ist, vor allem das besitzanzeigende „unsere". Seien Sie versichert, es ist freundlich gemeint, offen und nicht begrenzend, dazu später mehr.), unsere Arbeit und einige Freizeitaktivitäten. Tratsch und Klatsch sind uns zutiefst verhaßt – das überlassen wir Ihnen. Es bereitet Ihnen doch Vergnügen, oder? Sehen Sie, das unterscheidet uns. In der Regel handeln wir – im Kleinen und im Großen. Und damit fangen die Probleme an.

Stellen wir uns einige Situationen vor, sagen wir auf einer Frauenparty – uns allen als Setting hinlänglich bekannt.

Wir sind das erste Mal verabredet. Ich möchte gut aussehen, und ich möchte mich auch wohl fühlen. Frisch geduscht ziehe ich meine Lieblingsjeans an, die mit der Knackarschform – entschuldigen Sie das Wort, es stammt von einer Femme –, dazu ein schwarzes Hemd, ein rotes Halstuch, eine schwarze Weste und meine geliebte Lederjacke. Ohne die gehe ich nicht aus dem Haus.

Ich hole Sie also ab vor der Party, oder besser, ich möchte Sie vor der Party abholen, und Sie haben nichts Besseres zu tun, als mir mitzuteilen, daß Sie selbständig sind, wir uns auch gut auf dieser Party treffen können und Sie sowieso am anderen Ende der Stadt wohnen. Ich glaube Ihnen, daß Sie selbständig sind, und tatsächlich ist es vielleicht bequemer für mich, direkt dorthin zu fahren. Aber ist es nicht netter für Sie, an der Haustür freundlich begrüßt zu werden – vielleicht mit einem Blumenstrauß –, die Tür des Autos aufgeschlossen und hinter Ihnen wieder verschlossen zu bekommen und sicher sein zu können, daß Sie nach dem Fest gut nach Hause kommen werden, mit anderen Worten, sich ein wenig verwöhnen zu lassen? Nein? Sie machen uns überflüssig, uns Butches meine ich. Kommen Sie mir jetzt ja nicht mit irgendwelchen psychologischen Argumenten, wie etwa: Ich solle mir doch die Zuwendung zuteil werden lassen, die ich Ihnen zu Füßen lege. Keine Angst, ich pflege mich schon. Mir macht es ganz schlicht

Spaß, charmant mit Ihnen umzugehen. Das ist eine Kunst, die unter uns Lesben schleichend verlorengeht, finden Sie nicht? Da müssen wir doch etwas dagegen tun!

Gut, gehen wir weiter. Höflich, wie ich bin, respektiere ich Ihren Wunsch. Wir treffen uns also auf dieser Party. Ich bin natürlich vor Ihnen da. Schließlich kann ich es Ihnen nicht zumuten, in diesem Getümmel ohne Begleitung aufzutauchen. Ihnen als Femme, meine ich. Wie, kann ich doch? Nein, kann ich nicht. Ich muß Ihnen doch schließlich aus der Jacke helfen und Ihnen Ihr Getränk holen, und außerdem muß ich Sie einigen anderen Frauen vorstellen, die mir wichtig sind. Schließlich sind wir das erste Mal verabredet, und Sie kennen mein Umfeld nicht. Frauen erkennt frau an ihren Freundinnen – und schließlich sollen Sie mich ruhig erkennen können, wenn Sie wollen; auch wenn ich Ihnen mein Herz nicht auf einem Silbertablett präsentiere, meine Freundinnen dürfen Sie sich schon anschauen. Sie wollen gar nicht unbedingt vorgestellt werden? Auch das können Sie alleine? Wenn das so weitergeht, stürzen Sie mich in eine Sinnkrise. Und außerdem sind auch Ihre Freundinnen auf dieser Party? Und mit denen wollen Sie den größten Teil des Abends verbringen? Aber wir sind verabredet! Und ich bin hier die Butch. Sie sind ein eigenständiges Individuum und durchaus in der Lage, für sich selbst zu sorgen? Das bezweifle ich doch gar nicht. Ich möchte Sie nur nicht alleine lassen und bin bemüht, Ihnen den Abend so nett wie möglich zu gestalten. Weiter nichts. Auch das können Sie alleine? Ja, mein Gott, oh, Entschuldigung, meine Göttin, warum gehen Sie dann nicht alleine aus? Oder im Rudel? Wie kommen Sie dann darauf, ausgerechnet mit mir … es hat keinen Sinn. Wir sind grundverschieden, verstehen uns nicht und sind doch aufeinander angewiesen, Sie und ich, meine ich, als Butch und Femme eben.

Ich vergaloppiere mich in Gefilde, von denen ich nichts verstehe. Und glücklicherweise findet unsere Verabredung ja auch nur in Gedanken statt, sonst hätten wir jetzt einen dieser Land auf, Land ab bekannten Streits: Macht, Dominanz, Frauenrollen, patriarchale Strukturen … Ich gehe also lieber mit der Zeit meiner Geschichte und spinne ein wenig weiter.

Also, Sie können tanzen, nehme ich an. Ich meine jetzt nicht dieses Gchoppel, bei dem frau nach ihrer Partnerin suchen muß, sondern die Version, bei der frau sich anfaßt, eine erotische Variante, die konventionalisierte eben; und Sie werden natürlich geführt, ich hingegen führe, kann das auch und tue es gerne. Foxtrott. Ich fordere Sie auf. Formvollendet, versteht sich. Sie finden das zumindest mal ganz nett. Die ersten Schritte gehen ganz gut. Die erste kleine Drehung auch, dann ist mir nach Kreiseln. Ich fasse etwas fester zu, und Sie kommen mir dabei zwangsläufig näher. Wir verheddern uns. Dann fallen wir aus dem Schritt. Dann fangen wir von vorne an. Wieder im Grundschritt. Mit etwas mehr Distanz. Es fließt, wir drehen, ich will kreiseln, verheddern. Gut, also Grundschritt. Eine Passage. Die klappt. Eine Linksdrehung. Die klappt auch. Dann wieder Anlauf, Kreiseldrehung, die geht schief. Ich frage Sie, ob Ihnen der Schritt nicht vertraut ist, ob ich den mal besser auslassen soll. Nein, nein. Das ist es nicht. Ich führe den nur falsch, meinen Sie. Wie falsch? Nun ja, eng und mit den Knien aneinander, das kennen Sie so nicht. Das kann frau auch anders tanzen, meinen Sie. Also ich finde, frau kann die Kreiseldrehung nur so tanzen – sie ist dazu da, daß Frauen sich aneinander verirren. Und das geht am besten nach meinem Verfahren. Sie bestimmen, daß der Schritt anders getanzt oder ausgelassen wird. Ich bin brav – und wir tanzen andere Folgen. Innerlich grummelt es. Alle anderen Schritte kann frau auch ohne Führung tanzen. Fast ohne Führung, nur diesen nicht. Und ausgerechnet diesen wollen Sie sich nicht gefallen lassen. Das kann ja heiter werden mit Ihnen. Foxtrott zu Ende.

An die Bar. Sie bestellen, bevor ich Sie fragen kann, was Sie trinken möchten. Ich habe gemerkt, daß ich meine besten Eigenschaften – Aufmerksamkeit und Charme – nicht einsetzen kann. Sie kommen einfach nicht an. Ich beginne mich damit abzufinden. Gut, Sie haben mir sogar ein Bier mitbestellt und einen Sekt für sich – und Sie haben beide Getränke bezahlt. Ich habe verstanden. Es ist das Spiel.

Sie sind mir dennoch, sagen wir, sympathisch, nein, nicht nur sympathisch, ich finde Sie ausgesprochen attraktiv und anziehend, wenn Sie so ein ganz bestimmtes verschmitztes Lachen in den Augenwinkeln haben. Sie riechen gut und – Sie haben dieses gewisse Etwas in Ihren Bewegungen, das ich nie beschreiben kann. Es bleibt wohl Ihr Geheimnis. Aber mein Geheimnis soll es nicht bleiben, daß ich Sie küssen möchte, jetzt gerade in diesem Moment, in dem Sie sich besonders schön von mir abwenden, in dem ich Ihren Nacken unmittelbar vor mir sehe. Ich puste sanft auf ihren Hals. Sie kichern. Sie sind da kitzelig. Das will ich hoffen. Ich puste wieder und bekomme einen dunklen Blick, den ich mit Augenzwinkern und Grinsen erwidere. Ihr Rücken kann wirklich entzücken – entschuldigen Sie diesen abgedroschenen Chauvispruch. Er stimmt aber. Ich muß diesen Rücken streicheln, und Sie machen einen Schritt nach vorn. Mir tippt jemand auf die Schulter. Auf der Pirsch, werde ich gefragt. Ein etwas halbherziges Nein. Als ich mich Ihnen wieder zuwende, stehen Sie auf der Tanzfläche in einem Rudel. Mir ist bodenlos, und ich ärgere mich. Jetzt erst recht. Was eigentlich? Das Spiel Jägerin und Gejagte. Die eine bedingt die andere.

Ich glaube, ich muß Sie aufklären – auch, wenn Sie dieses Spiel mit Sicherheit tagtäglich spielen. Es gibt Frauen, die handeln – die kennen Sie schon. Butches handeln. Und es gibt Frauen, die handeln lassen. Femmes. Sie, meine Liebe, sagen zwar immer von sich, Sie wüßten auch nicht, wie Ihnen diese oder jene nun wieder zulaufen konnte, Sie haben doch gar nichts gemacht, und plötzlich war die Butch da und näher, als Ihnen lieb war. Aber das ist nur die Kehrseite meines Verfahrens. Ich habe inzwischen herausgefunden, daß Femmes entsprechende Signale aussenden, ohne es zu wissen. Ich weiß, daß ich mich mit solchen Thesen in die Nesseln setze. Aber das tut frau ja mit der Wahrheit meistens.

Zurück zu der Party. Meistens fallen mir in schwierigen Momenten meine nächsten Schritte nicht ein. Da Sie aber in diesem Fall meinen Instinkten entsprechen, folge ich Ihnen also auf die Tanzfläche. Ich werte die Situation als Test, ob ich mich ins

Ziegenhorn jagen lasse oder ob ich standhaft bleibe. Ich will mir von Ihnen später auf keinen Fall nachsagen lassen, ich sei schreckhaft oder ängstlich. In Ihrem Rudel fühle ich mich wahrscheinlich nicht besonders wohl, aber da muß ich durch. Und schließlich kann ich ja etwas charmant sein – und dann wird's schon gutgehen. Sie werfen mir einen Blick zu, den ich nicht deuten kann – und das bereitet mir Vergnügen. Wir sind also wieder im Spiel. Ich tanze Sie an. Sie drehen sich weg und gehen anderer Wege. Nun gut, hinterher. Noch einmal, diesmal ein leises Lächeln von Ihnen. Ich fühle mich bestätigt in meinem – nennen wir es ruhig – Begehren und fasse Sie um die Hüften. Sie drehen sich wieder raus aus meinen Armen – ich setze nach. Und so weiter.

Ich will Ihnen die Details ersparen, die kennen Sie ja. Irgendwann ist die Musik zu Ende, und wir kehren zur Theke zurück. Ich nach wie vor mit dem Wunsch, Sie zu küssen, Sie, was weiß ich, was in Ihrem Kopf vorgeht. Wir kabbeln uns ein wenig. Warum solche wie ich eigentlich immer Bier trinken müssen, das sei doch ein abgeschmacktes Klischee. Weil's mir schmeckt. Aber wenn frau Biertrinkerinnen küßt, dann hat das so einen schalen Beigeschmack. Ein Signal, endlich ein Signal!

Sind Sie sicher, daß Biertrinkerinnen nicht gut schmecken? Ganz sicher. Ich möchte die Gegenprobe machen. Sie küssen mich. Und? Sie sind sich noch nicht sicher und wiederholen den Versuch. Bei mir hilft mein Parfüm, meinen Sie, das kribbelt in der Nase und irritiert die Geschmacksnerven. Sie küssen gut, wissen Sie das? Ein Lächeln, oje, so ein Lächeln. Ich sei auch nicht schlecht, meinen Sie, nur ein wenig fordernd. Was ist das denn jetzt wieder. Ich will Sie ja auch fordern – herausfordern, zu einem kleinen Duell nach der Party. Und das klappt nie mit Küßchen, sondern nur mit Küssen. Das denke ich natürlich nur. So, fordernd? Nehmen Sie es doch als Kompliment, daß mein Kuß mein Begehren ausdrückt. Das wollen Sie für dieses Mal so durchgehen lassen, sagen Sie. Und wie steht es bei Wiederholungen? Da soll ich mir denn schon ein wenig mehr einfallen lassen. Kein Problem.

Das muß ich Ihnen wieder erklären, Ihnen als Femme. Wissen Sie, wir Butches machen ständig Fortschritte; bei jeder Femme, der wir näher kommen, gehen wir in die Schule. Irgendwann kann eigentlich jede – ausgewachsene – Butch femmegerecht küssen, wenn sie ihre Aufgabe ernst nimmt und – doch dazu kommen wir später. Sie wollen mir wieder einmal mit der psychologisierenden Frage nach meinen Bedürfnissen kommen? Die lernen Sie gerade kennen. Sie müssen nur genau hinsehen.

Der Abend geht weiter. Inzwischen sind wir, sagen wir mal, bei der nächsten Spielstufe angekommen. Sie rennen nicht mehr ständig zu Ihren Freundinnen, und ich kann ungestraft in Ihrer Nähe bleiben; ganz in Ihrer Nähe, meine ich. Meine Freundinnen halten sich zurück. Sie kennen mich.

Mir steht, das wissen Sie schon, der Sinn nach Verführung. Eigentlich ein blödes Wort. Aber ich gebrauche es, dann wissen Sie wenigstens, was ich meine. Konventionen sind manchmal so praktisch. Nach den heute geltenden Spielregeln müßte ich jetzt eigentlich anfangen, nachdem ich Sie sozusagen eingefangen habe, wegzulaufen. Aber mal ganz im Ernst, finden Sie das nicht auch ganz dumm? Da hat frau nun lange geackert, faßt sich nun endlich an und küßt sich, und dann soll frau diese angenehme Beschäftigung und die Atmosphäre, die gerade kribbelnd wird, verlassen, um von vorne anzufangen? Das gefällt mir nicht. Ich halte es mit Miss Piggy, die an Tagen, an denen sie mit Kermit zum Essen ausgehen will, immer nur eins im Kopf hat: dranbleiben, dranbleiben, dranbleiben.

Nun ist Miss Piggy zwar eine ausgemachte Femme, aber ich habe Ihnen ja schon erzählt, daß wir Butches von den Femmes lernen. In diesem Fall ist das ganz einfach. Ich will naschen, also … Sie haben entzückende Schweinsohren. Oh, Entschuldigung, so war das natürlich nicht gemeint. Ich danke der großen Göttin, daß ich diesen Satz nur gedacht habe. Sonst wäre der Abend sofort vorbei gewesen. Um dennoch im Bild zu bleiben – ich bin versucht, als erstes die Zuckerkruste abzuknabbern. Ein erstes vorsichtiges Knibbeln löst bei Ihnen ein „Lassen Sie das!" aus. Warum?

Das ist eine erogene Zone. Ich weiß. Sie sind ein wenig verlegen, was mir Vergnügen bereitet. Das ist so selten bei Frauen wie Ihnen. Sie möchten nicht, daß ich an Ihre erogenen Zonen gerate. Wie bitte? Nein, Sie finden, daß wir schon weit genug gekommen sind. Ich kann gerade noch in Gelächter ausbrechen. Warum ich lache, fragen Sie. Och, nur so. Sie werden rot. Sie wußten gar nicht, daß solche wie ich auf Wortspiele stehen. Sie unterschätzen uns. Wir sind nicht, wie die landläufige Lesbenmeinung uns unterstellt, ein wenig tölpelhaft im Kopf. Alle Dinge, die wir Ihretwegen lernen müssen, setzen eine gewisse intellektuelle Beweglichkeit voraus. Die guten alten Zeiten, in denen Charme, der Umfang unserer Oberarme gepaart mit einem gutsitzenden Anzug und einem stattlichen Auto ausgereicht haben, sind leider vorbei. Wie alle, so mußten und müssen auch wir diversifizieren, wenn Sie verstehen, was ich meine.

Das leichte Rot auf Ihren Wangen steht Ihnen gut. Ich soll aufhören, Süßholz zu raspeln. Das tue ich gar nicht. Es ist ein ernstgemeintes Kompliment. Können diese Augen lügen? Sie sind sich da nicht so sicher. Ich bin mir um so sicherer, daß ich mich nicht geschlagen gebe. Ich möchte Sie gerne zum Frühstück einladen (ist ja ein bißchen abgedroschen), kommen Sie mit zu mir? Jetzt werden Sie dreist. Ja. Im übrigen mache ich ein fabelhaftes Frühstück. Sie grinsen. Sie wollen dann morgen um elf auf der Matte stehen. Das habe ich mir nun anders vorgestellt. Warum wollen Sie erst quer durch die Stadt nach Hause fahren, um sich dann morgen aus dem Bett zu quälen. Das geht auch anders. Sie halten mich inzwischen immerhin für einen Schelm, der ich auch gerne sein mag. Ob ich ein Gästezimmer habe? Ja, die Hälfte meiner Matratze. Die stelle ich Ihnen gerne zur Verfügung. Wenn ich auf meiner Seite bleibe, dann ist das in Ordnung, meinen Sie. Wir sind uns also einig – bis hierher – und verlassen die Party. Sie lassen sich – natürlich muß ich nun schon sagen – nicht in die Jacke helfen. Dabei kann das so nett sein. Hören Sie meinen Seufzer? Ich bin auf den weiteren Abend gespannt.

Die Autofahrt erspare ich Ihnen. Diese Situationen kennen Sie. Es wird ein wenig geplänkelt und gelacht. Absurdes Zeug wird geredet, und frau ist mit den Gedanken schon ganz woanders. Wo? Nun seien Sie mal nicht so prüde. Kerzen, Sekt, Handtuch, Bademantel, Öl, Spielzeug, die netten kleinen Überraschungen eben. Ich soll erst mal die Ankunft in meiner Wohnung auf mich zukommen lassen? Warum denn? Verführung ist ein Strategiespiel, wußten Sie das nicht? Ach, ich hatte für einen Moment vergessen, daß ich ja mit Ihnen als Femme rede. Nein, Sie wissen das natürlich nicht. Sie erleben solche Situationen ja anders, habe ich mir erzählen lassen. Erklärung: Eine gute Liebhaberin hat im Kopf, wie sie es anfängt. Und sie weiß, was sie will. Ich weiß auch, was ich will. Ich will Ihre Lust und Ihre Hingabe erleben. Was ich für mich will? Das sage ich Ihnen doch gerade. Lassen Sie doch mal dieses moderne, aufgeklärte Gefrage sein. Das ist ja grauenhaft! So komme ich doch aber nicht zu meinem Recht? Doch, sehr wohl. Wenn ich etwas anderes wollte, dann würde ich das schon sagen. Nicht nur Sie sind selbständig. Auch ich bin es – und das schon per Identität.

In meiner Wohnung angekommen frage ich Sie als erstes, was Sie denn nun trinken wollen. Sie seien müde, sagen Sie, und ich nehme diese Aussage auf die leichte Schulter. Sekt? Ich soll Ihnen das Bad zeigen. Jetzt finde ich Sie ziemlich rasant. Hinten den Gang runter. Sie können es gar nicht verfehlen. Die Toilette ist rechts am Gang. Ein Bademantel hängt am Haken hinter der Tür. Der weiße mit der blauen Kante. Sie wollen keinen Bademantel, sondern ein Schlaf-T-Shirt. Das brauchen Sie doch gar nicht, denke ich, und gehe an meine Kommode, um Ihnen ein Oberteil herauszugeben. Dann kann ich später wenigstens Geschenke auspacken. Allerdings hätte ich das sowieso gerne getan, auch ohne Ihre Vorbereitungen. Während Sie im Bad sind, ziehe ich mich aus und wieder an – meinen dunkelblau-grün gestreiften Pyjama –, beleuchte mein Wohnzimmer und mein Schlafzimmer mit Kerzenlicht, öffne eine Flasche Sekt, nach dem ganzen Krach auf der Party nun Saint-Saëns, Cellokonzert und setze mich herausfordernd auf mein Sofa. Dort sitze ich eine ganze Weile. Genauer: bis mir langweilig wird. Ich weiß, daß Ihresgleichen lange im Bad brauchen, aber so lange? Ich mache mit mir ab, daß ich noch zehn Minuten auf Sie warte. Die Zeit verstreicht, nichts passiert – bis auf das Spielen des Rostropovich-Cellos. Also stehe ich auf und gehe auf das Bad zu. Aus meinem Schlafzimmer höre ich im Vorbeigehen gleichmäßige Atemzüge.

Das kann doch wohl nicht wahr sein! Durch die Tür sehe ich, daß Sie sich in beiden Bettdecken auf meiner Seite zusammengerollt haben – und daß Sie lächelnd schlafen! Das geht denn ja nun doch zu weit. Erst anmachen, dann abschalten. Das ist doch wieder typisch für diese Sorte! Femmes! Alle in einen Sack stecken, draufhauen, und Sie treffen immer die Richtige. Ich fange an zu lachen. Das muß ich immer bei diesem Satz. Meine beste Freundin sagt das über Eltern. Ich denke, situationsabhängig ist es frei übertragbar. Das Lachen bringt mich zur Vernunft. Ich hole mir eine Decke von meiner Mitbewohnerin und kuschele mich auf mein Sofa. Neben Ihnen einschlafen könnte ich jetzt nicht. Dazu bin ich zu angetörnt. Trotz oder gerade wegen der Warterei und meiner Phantasien, die ich Ihnen vorenthalte, denn die gehen Sie nun wirklich nichts an. Und: Schlafende Femmes soll man nicht wecken. Ihre Rache kann bitter sein, stimmt's?

Traumreicher Schlaf – von Ihrem weichen Bauch, den ich streichle, von Ihren Brüsten, die ich küsse, von Ihren Schlüsselbeinen, die nach Vanillepudding schmecken – lachen Sie nicht, ich liebe Vanillepudding –, von tiefen Küssen, von nassen Händen, von Ihrem Körper unter meinem, von Ihren fordernden Bewegungen, von Eintauchen, Springen, Abheben, Verschwimmen, Ihrer Zunge in meinem Ohr, Ihrer Hand in meinem Nacken und zwischen meinen Beinen. Ich fasse hinter mich und habe deine Haare in der Hand, und ich bin wach.

Guten Morgen, du Schöne. Mußtest du so lange warten? Hoffentlich bist du mir nicht verhungert? Du fühlst dich unglaublich gut an. So weich und warm und feucht. Und du zitterst leicht. Vor allem, wenn ich dich hier anfasse. Kann das sein, daß du das besonders gerne hast? Küß mich. Zieh mich aus, zieh dich aus. Die Gardinen sind nicht zugezogen. Mir macht das nichts, dir etwa? Ich mag diesen Kitzel, ob jemand guckt oder nicht. Komm, sag mir, was du willst. Oder rate ich hier schon ganz richtig. Deine Brüste sind wunderbar weich. Und was machen sie jetzt? Bekommen sie etwa Nasen? Soll ich hier noch ein bißchen mehr streicheln? Fester? Du Genießerin. Nette Nasen. Und so wunderbar empfindlich. Mein Bein ist ganz naß, wie kommt das denn? Da mußt du mal nachsehen. Nachfühlen will ich bei dir. Komm mir ein bißchen entgegen. Da ist noch eine Nase, die ist ziemlich neugierig. Soll ich die deine mal ein wenig stupsen? Das scheint sie zu mögen. Bitte küß mich, küß mich ganz tief. Das ist wunderbar. Nimm deine Hand da nie wieder weg. Sie soll für immer da verschlossen sein. So willst du das also haben. Komm, laß los. Ja, das ist es. Es ist so geil. Du bist geil. Schneller. Fester. Mehr Hände. Überall. Tiefer. Bleib da.

Magst du noch eine Tasse Tee? Im Ofen ist ein Croissant. Danke, ich habe keinen Hunger mehr. Außer vielleicht … Ich runzle die Stirn. Du sitzt mir gegenüber und bist wunderschön. Mit deinem verschmitzten Lachen und diesen klaren Augen. Du solltest einen Weckdienst aufmachen. Ich soll mal diese blöden Sprüche sein lassen, sagst du. Für heute lasse ich dir diese Bemerkung durchgehen. Aber morgen dreht sich die Erde wieder richtig rum.

Ich hoffe, Sie hatten eine nette Zeit mit mir. Schließlich wollte ich Sie ja unterhalten und Ihnen einen netten, amüsanten und gelungenen Abend bereiten. Ich habe mir auf jeden Fall alle Mühe gegeben, und ich meine, daß Sie bekommen haben, was Ihnen zusteht. Ob ich auch? Darum geht es doch gar nicht. Aber das sollte Ihnen nun inzwischen klar sein. Wir, Sie und ich, sind ein eingespieltes Team. Schon immer war das so – und es wird sich nicht ändern. Ich sorge für die Unterhaltung, die Anlässe, das Drumherum, und Sie lassen sich verwöhnen. Ich kenne Ihren Einwand, daß Sie für sich selbst sorgen können. Ich habe ihn heute abend schon mehrfach gehört. Seien Sie ruhig selbständig.

Einschränken, Sie in einen goldenen Käfig sperren? Nichts liegt mir ferner. Bleiben Sie, wie Sie sind, dann funktioniert das Spiel. Was am Ende dabei herauskommt, welche gewinnt? Keine Ahnung und – ich natürlich. So sind nun mal die Verhältnisse. Butches machen, Femmes lassen machen. Und die, die machen, halten nun mal die Zügel in der Hand.

Sollten Sie nun am Ende darauf kommen, daß ich angestaubt, altmodisch und wertkonservativ bin, dann sage ich lauthals ja. Und ich werde das nicht ändern.

KV/Femme-Ambivalenzen

Juliane Weibring

 Meine Freundin Birgit nannte mich neulich einen Kessen Vater. So wurde ich also wahrgenommen, als KV! Ich war zwar nicht beleidigt, doch irgendwie unangenehm berührt über diese Bezeichnung. Bin ich wirklich ein KV?

Als bewußte Feministin wollte ich mich nicht so klassifizieren lassen, alles sträubte sich dagegen – doch ich kam ins Grübeln.

Ich habe früher immer bewundert, daß KVs zumindest äußerlich ihr Coming-out als Lesben nicht verschleiert haben – logisch, sonst wären es ja keine KVs gewesen. Jeder konnte auf zehn Meter Entfernung erkennen, daß es sich bei den Frauen um Lesben handelte: die eindeutig männlichen Gebärden, das Minenspiel, der gesamte Habitus.

Sie haben nicht groß über ein Coming-out nachgedacht; sie waren so, wie sie waren: Kesse Väter. In ihrer Erscheinung zogen sie viele Aggressionen auf sich, bei ihren Vorgesetzten, bei ihrer Familie. Jetzt, wo ich das aufschreibe, erinnere ich mich, wie mich meine Mutter bat, mir die Haare nicht immer so kurz zu schneiden, nicht immer nur Hosenanzüge zu tragen und keine Zigarre und Pfeife zu rauchen. In der zwölften und dreizehnten Klasse nannten mich die Jungen „Karl die Katze", weil ich cognakfarbene Stiefel und eine Lederjacke trug. Hinter vorgehaltener Hand spekulierten sie, ob ich lesbisch sei.

Wenn ich weiter über KVs schreibe, sollte ich also vielleicht doch von „wir" reden, oder nicht? Nein, es stimmt eigentlich nicht, diese Kategorisierungen greifen einfach zu kurz.

Wann ist frau ein KV? Kommt es nur auf die Kleidung und die männliche Gestik an? Ist es die Sexualität, d.h., wie die Lesbe sich im Zusammenspiel mit der anderen gibt? Wenn sie nicht penetriert werden will? Ich habe schon mehrere sogenannte Femmes kennengelernt, die äußerlich vollständig dem Klischee einer weiblichen Frau, noch dazu einer Mutter entsprachen aber diese sexuelle Spielart für sich nicht als lustvoll empfanden.

Dann gibt es KVs, die sich – salopp formuliert – zu Hause auf den Rücken legen. Sie greifen zu kurz, diese Klassifizierungen. Genauso wie wir meistens abwechselnd im Bett oben und unten liegen, in unterschiedlichen Phasen unseres Lebens Unterschiedliches ausprobieren, so können wir nicht eindeutig festgelegt werden. Wenn, nur für diese momentane Situation mit dieser momentanen Partnerin. Eine andere könnte wieder ganz andere verborgene Anteile unserer Persönlichkeit aktivieren.

KVs und Femmes haben beide auf ihre Art etwas Faszinierendes und Erotisches. So, wie sie uns äußerlich in Augenblicken des Lebens begegnen, gehören sie innerlich zu den Teilen unseres Selbst in den verschiedenen Formen unserer Vielfalt.

Ich gehe zurück in die Vergangenheit und erinnere mich an KVs, mit denen ich im Sub vor siebzehn Jahren Kontakt hatte. Ich bin jetzt siebenunddreißig.

Da gab es Doris, die Taxifahrerin in Lederjacke, die mit mir tanzen wollte, doch statt mich persönlich zu fragen, holte sie bei meiner zwanzig Jahre älteren Freundin neben mir die Erlaubnis ein. Offensichtlich „gehörte" ich doch meiner Freundin, ebenfalls einem KV, und konnte daher als unselbständige Femme ihrer

Meinung nach nicht für mich selbst sprechen. Jedenfalls mußte sie mich als Femme wahrgenommen haben, obgleich ich mich damals eher als KV einstufte. Schließlich fuhr ich Motorrad und trug eine Lederkombi. Doch ich hatte blonde halblange Haare und war mit zwanzig noch sehr jung. KVs tragen eben keine langen Haare, nicht wahr?

Mit meinem Babygesicht wirkte ich für manche Lesben wie eine Femme im Vergleich zu meiner vierzig Jahre alten Freundin Anja, die äußerlich dem Klischee eines KVs wesentlich näher kam. Sie hatte kurze, dunkle, nach hinten gekämmte Haare, trug lässige Anzüge und rauchte an der Bar so, daß sie cool eine Hand in der Hosentasche lagern konnte. Sie fuhr BMW und machte mich beim ersten Mal etwas arrogant darauf aufmerksam, daß dieser Wagentyp für mich etwas zu klein sei. Ich war lediglich drei Zentimeter größer als sie. Manchmal lachte sie sehr laut und machte ironische und frivole Bemerkungen. Mir gefiel das. Schließlich war ich sehr in sie verliebt. Meine Freundin spielte Fußball und Handball und nahm mich im Bett von oben. Während sie mich mit Wonne penetrierte, durfte ich das bei ihr nie. Ich durfte ihre Perle nicht einmal anfassen, was ich sehr bedauerte. Sie machte es sich selbst und kam auf meinem Oberschenkel, gleichzeitig mit mir. Es blieb mir immer ein Rätsel, wie sie das anstellte.

Ich hatte sie im *Club 64* kennengelernt, einem Schwulen- und Lesbenlokal, wo ich jeden Samstag hinter der Bar arbeitete. Auf diese Weise hoffte ich meine erste Freundin zu finden, denn ich fühlte mich in Dortmund an der Uni als Lesbe ziemlich isoliert. Und tatsächlich, eines Tages kam Anja herein, lehnte sich an den Tresen, lächelte mich an und fragte, ob sie mir einen Drink bestellen dürfe. Sie war mir gleich aufgefallen, als sie zur Tür hereinkam. Ich wußte sofort; *das ist sie.* Dann bestellte sie uns zwei Kaffee-Spezial, unheimlich süßer Bananenlikör mit kaltem Kaffee, dekoriert mit einem Sahnehäubchen. Und wie im schönsten Liebesfilm fiel ausgerechnet in dem Augenblick, als wir zusammen anstießen, in der gesamten Straße das Licht aus. Es war alles so schön kitschig. Sie hatte noch zwei etwas jüngere Lesben bei sich, und ich bangte deshalb die ganze Zeit, sie könne mit einer der beiden eine Beziehung haben. Nach einer Weile des intensiven Blickkontaktes und ein paar belangloser Worte fragte sie mich, ob sie mich am nächsten Morgen zu einer Geburtstagsfete abholen dürfe. Ich wußte sofort, daß ich mitgehen würde, ließ sie aber noch ein wenig zappeln und sagte nur „mal sehen". Ich wies darauf hin, daß ich immerhin bis vier Uhr morgens arbeiten müsse und dann ziemlich müde sein würde. Doch sie ließ nicht locker.

Nach Mitternacht erhob sie sich vom Barhocker, flüsterte mir zu, daß sie gleich wiederkommen und nur ihre beiden Freundinnen nach Hause fahren würde. Tatsächlich kam sie sehr bald wieder. Die meisten Gäste hatten das Lokal bereits verlassen. Anja saß immer noch da und bannte mich mit ihrem Blick wie eine Schlange ihre Beute. Nach meiner Schicht fuhr sie dann hinter meinem VW-Käfer her, um morgens leichter meine Wohnung zu finden, wie sie sagte. Ich überlegte die ganze Zeit, was ich machen würde, wenn sie mit zu mir hochkommen wollte. Würde ich nein sagen, obwohl ich die erotischen Funken zwischen uns schon fast schmerzlich spürte? Doch zum Glück fragte sie nicht und fuhr schön brav nach Hause.

Am nächsten Morgen klingelte sie auf die Minute pünktlich, lud mich in ihren roten BMW, und wir brausten nach Düsseldorf. Die Party stieg in einer bevorzugten Wohngegend in Kaarst. Ich erinnere mich nur noch an große helle Räume, weiße Teppiche, ein strahlendes Lesbenpaar im Schickimicki-Kostüm und an viele Gleichgesinnte. Der Rest verschwand hinter dem süßlichen Duft orientalischer Räucherstäbchen und dem verschwommenen Blick unserer jungen Liebe. Dunkel erinnere ich, wie sie mir ihre verflossene Liebe vorstellte. Erst später verstand ich, daß es ihr sehr wichtig war, mich dieser als ihre neue Eroberung vorzustellen.

Von da an waren wir liiert. Sechs Wochen später beschwerte sich meine Vermieterin, es würde immer so ein roter BMW vor dem Haus parken. Ich wurde dezent darauf aufmerksam gemacht, daß ich die Wohnung allein gemietet hatte und sie bei zwei Personen das Wassergeld erhöhen müsse.

Nach einiger Zeit wurde mir Anjas Nähe zuviel, außerdem fühlte ich mich zunehmend in meiner Freiheit beschnitten. So drängte ich sie, eine eigene Wohnung zu nehmen. Schließlich überzeugte ich sie damit, daß es in ihrem Alter nicht mehr gut sei, bei ihrer Mutter zu wohnen und meine Wohnung ständig in Beschlag zu nehmen.

Den Job in der Kneipe hatte ich noch in der Nacht unserer Bekanntschaft quittiert. Dafür zogen wir samstags zusammen von einem Lokal zum anderen. Besonders in die Schwulenlokale zog es uns – wegen der besseren Musik. Selbst in reine Männerlokale ließ man uns, weil Anja ein paar Schwule kannte und deshalb als Lesbe mit mir geduldet wurde. In der Frauenszene herrschten dagegen merkwürdige Rituale. Die Szene schien in zwei Sorten von Frauen gespalten. Da waren die einen, die gestylten, die auf ihr Äußeres achteten, deutsche Schnulzen bevorzugten und am Wochenende ihr Lesbischsein im Sub lebten. Dann gab es die „Alternativen". Sie wurden von Anja „Apachen" genannt, weil sie die etablierte bürgerliche Welt ablehnten. Sie lebten in Wohngemeinschaften, hielten Schlangen in ihrem Terrarium, veranstalteten rote Menstruationsfeten, schnorrten sich durch und waren für gewöhnlich arbeitslos. Die erste Gruppe wollte mit der zweiten nichts zu tun haben und umgekehrt. Ich hielt mich in beiden Fraktionen auf. Von den „Apachen" war ich mit Katja, Anne, Daniela und Bettina befreundet. Sie wohnten mit zwei weiteren Frauen, einer Blindschleiche und einer Kreuzotter zusammen in einer Altbauwohnung mit Hochbetten, brachten sich mit Gelegenheitsjobs durch und klauten auch schon mal in Kaufhäusern, wenn das Geld nicht reichte. Ihre Wohnung war ganz in meiner Nähe, und sie luden mich oft zu ihren roten Feten ein. Dabei hatten sie die ganze Wohnung rot dekoriert; auf der roten Tischdecke rote Servietten, rote Gläser, und natürlich tranken wir Rotwein und aßen rote Beete. Nach dem Essen legten wir uns Tarotkarten oder sprachen über unser Horoskop. Auch wenn „die Apachen" nicht verstehen konnten, daß ich mit so einer „Etablierten" zusammen war, akzeptierten sie mich.

Meine Beziehung mit Anja hielt ungefähr zwei Jahre, dann machte ich Schluß. Ich fühlte mich endgültig zu sehr vereinnahmt und wollte wieder frei und unabhängig sein. Außerdem war mir ihr Freundeskreis zu spießig, und da sie meine „Apachen"-Freundinnen ablehnte, mußte ich mich entscheiden.

Neben Anja, die immer betonte, daß sie eine Arbeiterfrau war und ich als Studentin von ihren Steuergeldern studierte, gab es in der Szene noch die vornehmen KVs. Ich erinnere mich da an Heidi. Der Name paßte ganz und gar nicht zu ihr. Sie war ein Dandy-KV, d.h. mit guten Manieren, einem hinreißenden Charme und einem intensiven Doppel-Skorpion-Blick. Alle Frauen schmolzen reihenweise dahin, wenn sie mit ihr tanzten. Sie ging in einer Woche mit fünf Frauen ins Bett und war mit vier gleichzeitig befreundet, wie ich leider erst später erfuhr. Ich gehörte auch zu ihrer Sammlung. Es hat mich jedoch nicht gereut. Auch ich war in sie verliebt.

Im letzten Semester meines Studiums lernte ich an der Uni dann meine große Liebe kennen. Als sie ins Seminar kam, mußte ich zweimal von meinem Referat hochsehen, da ich zunächst annahm, daß es sich bei ihr um einen jungen Mann handelte.

Sie hieß Sabine und war ein androgyner Typ. Sie verkörperte die vornehme Intellektuelle mit einem handfesten KV-Einschlag und trieb mich körperlich bis an die Grenze des Wahnsinns. An unserem ersten Silvesterabend wollte ich sie mit meiner Garderobe als Femme erfreuen. Ich warf mich in ein langes schwarzes, mit Spitzen besetztes Abendkleid, das den Bauch frei herausschauen ließ. Erst später erfuhr ich, daß sie mich lieber in Jeans sah. Kleider fand sie an mir gräßlich.

Fünf Jahre dauerte unsere zunächst noch lockere Tändelei, da sie noch in einer anderen Beziehung lebte. Nach der Trennung zog sie zu mir. Mittlerweile hatte ich eine größere Wohnung und verdiente nicht schlecht.

Die Wandlung bei mir kam mit dreißig, nach dem Tod meiner Mutter. Ich merkte plötzlich, daß mich in meiner Frauengruppe besonders eine Mutter von drei Kindern auf eine unerklärliche Art reizte. Mit fünf Frauen fuhren wir zusammen nach England. Auf der Reise verliebten wir uns. Etwa ein halbes Jahr schwebten wir im siebten Himmel, dann trennten wir uns wieder. Kurze Zeit darauf verliebte ich mich wieder in eine Frau mit drei Kindern. Sie war ebenfalls verheiratet. Ich spürte, wie ich hier emotional und körperlich auf eine Weise angesprochen wurde, die ich vorher nie kennengelernt hatte. Ich entdeckte mich neu – als KV? Jedenfalls nahm ich hier im Gegensatz zu meinen früheren Beziehungen auch im Bett plötzlich häufiger den aktiven Part ein. Es törnte mich stärker an zu begehren, als selbst begehrt zu werden. Irgend etwas hatte sich verändert. Wir liebten uns vorerst im geheimen und genossen die Augenblicke unseres Zusammenseins. Beide steckten wir in einer anderen Beziehung. So war ich für kurze Zeit in der glücklichen Position, beide Seiten meiner Persönlichkeit offen leben zu können – die KV-Seite und die Femme-Seite. Beide mit unterschiedlichen Frauen.

Ich habe in meinem bisherigen Leben viele Entwicklungsphasen durchgemacht, in denen mal stärker die KV-Anteile und dann mal wieder stärker die Femme-Anteile meiner Persönlichkeit an die Oberfläche traten. Und ich hoffe, dieses Wechselbad der Gefühle und Veränderungen bleibt auch so. Mit der Hülle, die ich verändere, verändern sich die Frauen um mich herum, die mich anziehen, d.h., von denen ich begehrt werden will oder die ich aktiv begehre. Je nach meinem Gegenüber werden da unterschiedliche Persönlichkeitsanteile in mir angesprochen.

Ich finde es schön, daß das Leben, die Lust und die Sinnlichkeit von Frauen so komplex und vielfältig sind.

Regeln und Rollen

Eine kurze Betrachtung
zwischenweiblichen Verhaltens

Karen-Susan Fessel

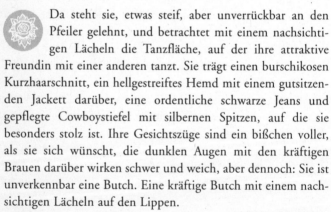

Da steht sie, etwas steif, aber unverrückbar an den Pfeiler gelehnt, und betrachtet mit einem nachsichtigen Lächeln die Tanzfläche, auf der ihre attraktive Freundin mit einer anderen tanzt. Sie trägt einen burschikosen Kurzhaarschnitt, ein hellgestreiftes Hemd mit einem gutsitzenden Jackett darüber, eine ordentliche schwarze Jeans und gepflegte Cowboystiefel mit silbernen Spitzen, auf die sie besonders stolz ist. Ihre Gesichtszüge sind ein bißchen voller, als sie sich wünscht, die dunklen Augen mit den kräftigen Brauen darüber wirken schwer und weich, aber dennoch: Sie ist unverkennbar eine Butch. Eine kräftige Butch mit einem nachsichtigen Lächeln auf den Lippen.

Wer genauer hinsieht, erkennt allerdings, daß diese Nachsichtigkeit nur gespielt ist. Im Grunde fühlt sie nämlich nichts dergleichen. Was sie fühlt, ist eine Art Schicksalsergebenheit, die

Gewißheit, verloren zu haben und diese Niederlage dennoch nicht akzeptieren zu wollen.

Das darf sie auch nicht. Jedenfalls nicht nach außen hin. Das offizielle Eingeständnis käme einem Zusammenbruch ihrer gesamten Persönlichkeit gleich. Sie hat ohnehin schwer genug zu kämpfen. Sie ist zwar eine Butch, aber ganz eindeutig eine zu liebe Butch.

Ihre Freundin hat, bevor sie auf die Tanzfläche ging, um mit dieser anderen Butch da zu tanzen, ihr Einverständnis geholt und sie zärtlich, fast entschuldigend, auf die Wange geküßt. Aber auch das kann nicht über die Unzufriedenheit hinwegtäuschen, die sich in ihre Beziehung eingeschlichen hat. Ihre Freundin, schlank, klein, mit einer überwältigenden Mähne dunkler Locken und einer Vorliebe für Silberschmuck, hat sich an diesem Abend eine geschlagene Stunde an ihrer Seite gelangweilt und unruhig Ausschau gehalten.

Sie, die Butch, hat ihr zwar mehrere Getränke geholt, ab und zu einen Witz gemacht und ihr einige Male tief in die Augen gesehen, aber es hat alles nichts mehr genützt. Sie wird ihre Freundin nicht mehr lange halten können. Sie ist einfach zu lieb. Nicht cool genug eben. Tragisch für eine Butch. Vor allem jetzt, wo die Konkurrenz immer mehr wächst.

Nachdem Schminke, Kleider und lange Haare unter den offen auftretenden Lesben jahrzehntelang verpönt waren, erlebt das betont feminine bzw. maskuline Äußere und Verhalten neuerdings einen Boom sondergleichen. Befreit von der ungeschriebenen Diktion, sich als Neutrum zu zeigen, werden allerortens enge Hemdchen, Röcke und Maniküresets aus den Regalen gekramt. Haare dürfen jetzt bis zum Hintern wachsen, auch der Hüftschwung ist wieder erlaubt. Auf der anderen Seite sind mittlerweile auch aufgeklebte Koteletten gestattet; Anzüge werden vermutlich in Kürze zur Pflicht. Es ist alles erlaubt. Es gilt nur, sich schnell zu entscheiden: Butch oder Femme?

Lesben, was nun? Gar nicht so einfach, diese Entscheidung, wenn das ganze Leben als erwachsene Lesbe sich politisch korrekt auf jenem schmalen Grat bewegte, der zwischen dem ungeliebten weiblichen Rollenverhalten und der verhaßten Nachahmung männlicher Wesen verläuft. Der oberste Grundsatz lesbischer Beziehungen und lesbischen Verhaltens – absolute Gleichberechtigung, jede kann alles und muß alles sein – wird nur zögernd verworfen.

Bisher sollten alle Lesben gleich sein: Beide müssen selbständig ein Regal bauen können (und nicht nur die eine!), beide haben sich auf die gleiche Art und Weise umeinander zu bemühen. Das gilt auch im Bett: Orgasmen werden gerecht verteilt, aktiv und passiv sind beide, und wenn eine sich fallenlassen kann, muß die andere es auch. Jede kann alles, nicht wahr?

Unter dem Deckmäntelchen der Aufweichung jeglicher sexuellen Grenzen und der vielbeschworenen Angleichung der Geschlechterrollen ist im Jahre 1996 der Run auf die lesbeninterne Klassifizierung gestartet. Butch oder Femme zu sein, das ist jetzt in.

Allerdings, das Femme-Sein ist nicht ganz so begehrt. Von zehn Lesben bestehen neun vehement darauf, Butch zu sein. Auch wenn es beileibe nicht stimmt. Aber das Modell „Butch" liegt eben näher am Neutrum und ist deshalb nicht ganz so unbekannt und damit gefährlich. Und Femmes gelten als schwach – ein weitverbreiteter Irrtum. Ist es doch meist die Femme, die das Geschehen dominiert, und wenn auch nur durch das Bestreben der Butch, sie zu erobern. Nach außen hin dominiert meistens die Butch, von innen heraus meistens die Femme: gleichberechtigt, aber nicht gleich.

Butches und Femmes sind zwar offiziell aus der Pflicht des Gleichseins entlassen, dafür aber auf andere Art in der Pflicht. Denn die gewählte Rolle verlangt vieles von der, die sie einnimmt. Die Regeln wollen gelernt sein. Im günstigsten Fall kommt ein fein aufeinander abgestimmtes Spiel dabei heraus, bei dem die Femme die Stichworte liefert und die Butch sich nach Kräften bemüht, den hohen Anforderungen zu genügen, um ihren Wert zu beweisen. Femme muß das nicht. Femmes sind ohnehin wertvoll. Und sie sind selten.

Butch sein macht Arbeit, ist aber cool. Femme sein ist schwierig, macht aber Spaß.

Ihr, die da am Pfeiler lehnt, die breiten Schultern nach vorne geschoben, ihr jedenfalls ist die Qual der Wahl ziemlich egal. Sie hatte nie eine, und sie mußte auch nicht erst mühsam entdecken, was denn eigentlich in ihr steckt – Butch oder Femme oder eine Mischung aus beiden? Eine richtige Butch, eine richtige Femme, das weiß sie, sucht sich das nicht aus. Sie ist es, Punktum. Und so gehört sie zu jenen Frauen, die sich, unbeeindruckt von allen frauenpolitischen Forderungen, Lesbengruppen und *gender studies*, all die Jahre über ausschließlich mit sich und dem, was sie fühlen, beschäftigt und ohne theoretische Anleitung ihr ganz spezielles Rollenverhalten erprobt haben. Mehr noch, sie gehört zu jenen, die nicht einmal wissen, daß sie heutzutage Butch genannt werden. Das lang bespöttelte Kind hat jetzt einen schmissigen Namen. Allerdings ist es schon lange erwachsen. Und dem Kind ist es ziemlich egal, wie es heißt.

Sie zum Beispiel hat sich nie weiter darum gekümmert, ob es okay ist, wenn grundsätzlich sie ihrer Freundin in den Mantel hilft und ihr die Tür aufhält, ohne daß ihr dieselbe Gegenleistung erbracht wird. Sie hat ihre Freundin verwöhnt, und sie wird auch die nächste verwöhnen. Ganz selbstverständlich. So, wie es sich gehört. Das müssen ihr die Neuzugänge erst einmal nachmachen.

Überhaupt gibt es für diese jetzt viel zu entdecken. Manieren zum Beispiel sind wieder gefragt. Und Aufmerksamkeit! Eine unaufmerksame Butch ist keine Butch. Eine Butch gibt Feuer, unaufgefordert und elegant. Eine Femme fragt nicht danach, sie wartet nur ab. Butch bestellt die Getränke, Femme hebt lächelnd das Glas. Femme signalisiert, was sie möchte, und Butch erfüllt ihre Wünsche. Femme kann ruhig ein bißchen zuviel trinken und albern kichern, sich auch daneben benehmen. Butch bleibt gelassen und achtet auf Femme. Und Butch ist charmant. Grundsätzlich, immer und überall. Überhaupt, Charme ist das höchste Gut einer Butch. Und um so bedeutsamer, weil Charme nur begrenzt erlernbar ist. Auf Charme aber fliegen die Femmes.

Das weiß sie nur zu gut. Als sie ihre Freundin vor ein paar Monaten kennenlernte, war es ihr Charme, der ihr den Durchbruch verschaffte – trotz zwei weitaus forscher auftretenden Konkurrentinnen. Sie gehört im Gegensatz zu diesen nämlich nicht zur Kategorie der Herzensbrecherinnen, jenen Butches, die ihren Charme auf aggressiv werbende Art einsetzen, sondern zur eher unauffälligen Kategorie der zurückhaltend-charmanten Butches. Und genau das war diesmal gefragt. Still hat sie sich neben die Auserwählte gestellt, den Moment abgepaßt, bis die ihr Glas leergetrunken hatte, ihr ein neues bestellt und sie nach einem tiefen Blick in die Augen zum Tanzen geführt. Denn, ob offensiv oder vorsichtig, Butch macht immer den ersten Schritt – sei es beim Flirten, sei es beim Tanzen, sei es beim Sex.

Da Butch grundsätzlich das aktive Handeln übernimmt, sieht es so aus, als bestimme sie selbst darüber. Dabei ist das nicht wahr: Denn Femme provoziert Reaktionen und gibt anschließend vor, nur auf die Aktivitäten der Butch zu reagieren.

Sie zum Beispiel hat das sehr gut begriffen. Wenn ihre Freundin auf einer Party zum zweitenmal die Brauen runzelt, sagt sie ganz lässig: „Wir gehen." Und ihre Freundin fügt sich ergeben. Sie wahren gemeinsam den Schein. Die anderen glauben, die Butch habe den Aufbruch veranlaßt. Dabei war es die Femme. Femme sendet Signale, Butch handelt danach. Darin sind sie perfekt, diese beiden. Auch wenn es Butch jetzt nicht mehr viel nützt.

Denn was ihre Freundin da macht auf der Tanzfläche, ist deutlich genug. Sie lacht und redet und wiegt sich im Takt, unauffällig an ihre Tanzpartnerin geschmiegt. Aber Butch sieht, was los ist. Die andere ist nämlich cool. Mit stolzem Blick sieht sie nach vorne, die Lippen fast verächtlich geschürzt, die Augen kühl wie schmelzendes Eis. Sie geht auf das heimliche Werben der Freundin nicht ein, jedenfalls sieht es so aus. Aber Butch sieht, wie die andere ihre Freundin im Griff hat. Ihre Hand liegt fest auf dem Rücken der Femme, schiebt sie nach vorne, nach hinten zurück, ohne zu sprechen. Ab und zu lächelt sie siegesgewiß. Sie tanzt besser als Butch. Sie ist cooler. Cool und charmant.

Butch steht da und betrachtet das Ganze. Sie stößt sich vom Pfeiler ab, ballt kurz die Fäuste und geht langsam nach vorne. Dort wartet sie ab, bis ihre Freundin sie sieht. Wenn sie dann kommt, zerknirscht, aber trotzig, wird sie leise und kühl mit ihr sprechen. Leise und kühl, bittend, wenn nötig. Aber sie wird keine Szene machen. Das tut eine Butch nicht.

Eine Szene zu liefern ist peinlich. Eine heulende, kreischende Butch ist ein lächerlicher Anblick; eine heulende, kreischende Femme dagegen ist eine verletzliche Frau. Aber auch Drohgebärden bergen Gefahren: Das Ansehen der Butch wird, sollte sie sich nicht durchsetzen können, erheblich ramponiert. Also versucht sie, sich nichts anmerken zu lassen. Eine Butch hat ihren Stolz.

Eine Femme übrigens auch. Sie muß sich nicht hart geben, kann es aber durchaus sein. Ihr Ehrenkodex ist weiter gefaßt. Sie hat die Freiheit, sich so zu benehmen, wie sie will. Eine Femme kann sich das leisten.

Butch kann das nicht. Denn wenn sie zuviel von sich preisgibt, ist ihr Image verloren. Harte Schale, weicher Kern, so ist es, und so muß es bleiben.

Sie weiß, daß ihre Verletzlichkeit nicht das ist, wofür sie geliebt wird. Aber sie ist verletzt und gekränkt. Und so ist das einzige, was ihr noch bleibt, auf ihre Freundin zu warten und, sollte sie endlich mal kommen, leise und kühl mit ihr zu sprechen. Forscher und härter zu sein wäre natürlich viel besser. Das wäre das, was Femme jetzt noch hielte. Aber Butch ist zu nachgiebig, sie ist einfach zu lieb, und das ist der Grund, warum ihre Freundin sie verlassen wird. Die nämlich sehnt sich seit langem nach wirklicher Härte – Härte, nicht Stärke – und nicht nach vermeintlicher. Sie hat die Nase voll davon, um ihres Femme-Seins und nicht um ihrer Persönlichkeit willen geliebt zu werden und damit austauschbar zu sein. Deshalb hat es nichts genützt, daß ihre Butch ihr jeden Wunsch von den Augen abgelesen hat und jetzt an der Tanzfläche wartet. Und wenn sie auch noch so charmant ist.

Butch sein macht Arbeit, ist aber cool. Femme sein ist schwierig, macht aber Spaß.

Butch oder Femme – wie aber erkennt sie sich selbst? Ganz einfach: der Trick mit den Nägeln.

Eine wirkliche Butch wird, fordert man sie auf, ihre Fingernägel zu betrachten, sich die Faust vor die Augen halten, die Handfläche inwärts gewandt. Eine wirkliche Femme dagegen streckt ihre Finger gespreizt von sich, Handfläche nach außen. Das passiert instinktiv. Nur die Regeln und Rollen, die wollen erlernt sein.

Ach, die Leibovitz mal wieder ...

Eine Hommage an
das Schappo Klack zu Köln

Ulrike Anhamm

 Schon beim Betreten des „Frauenlokals", das weder Wirtinnen noch GästInnen jemals „Lesbenkneipe" genannt hätten, wurde der Besucherin klar, daß hier gewisse unausgesprochene Regeln herrschten.

Regel eins: Verzehr geht vor Frauensolidarität. Das bedeutete: Sie trinken viel und bleiben lange, oder Sie trinken wenig und verlassen die Lokalität schnell wieder.

Wer blieb, mußte auch schon mal eine Runde schmeißen. Wer es wagte, nach Kamillentee oder Altbier zu fragen, wurde höflich, aber laut abgewiesen. „Nee, junge Frau, Ihren Tee trinken Sie besser da, wo es ihn gibt" oder: „Altes Bier könnense natürlich haben, aber Altbier führen wir hier nun bestimmt nicht! Wie wär's mit einem frischen Kölsch!"

Regel zwei: Ein Mann wird geduldet – solange er schwul ist, Johannes heißt und sich entsprechend verhält. Alle anderen Männer, ob schwul oder hetero, haben kaum eine Chance und werden mit dem immer gleichen Spruch von der in Windeseile hinter der Theke hervorgeschossenen Wirtin durch den Eingangsvorhang hinausgeschoben: „Tut mir leid, junger Mann, aber das hier ist ein Frauenlokal." Das kam recht häufig vor, denn die einschlägigen Herrenmagazine und Sexführer erwähnten der Vollständigkeit halber gerne neben den gängigen Heteroadressen diverse Schwulen-Etablissements und eben, wohl für den besonderen Kick, die wenigen „Lesben-Treffs".

Nun war aber das Schappo Klack kein heimeliger Treffpunkt, den die Wirtinnen aufopferungsvoll für Frauen aufrechthielten wie so viele ihrer zumeist gescheiterten Kolleginnen. Das Ambiente unterschied sich kaum von dem einer der unzähligen dunkel-rustikal gehaltenen Frühschoppen- oder Absackerkneipen. Statt verblaßter Waldlandschaft oder feuriger Tänzerin hingen hier entsprechend vergilbte Poster von Romy Schneider und Zarah Leander. Marlene Dietrich hing auch dort, obwohl sie kaum jemand anschaute. Die Musik kam aus einer mit reichlich Gitte, Marianne Rosenberg und Zarah Leander gefüllten Musikbox. Aber natürlich plärrten auch Abba, Roy Black oder Dr. Alban tapfer ihre vergangenen Hits. Den Spaß gab es natürlich auch nicht für umsonst. Für drei Musikwünsche mußte die Musikbox mit einer Mark gefüttert werden. Kein Geld, keine Musik – oder selbst singen. So einfach war das. Allerdings bedeutete das auch, daß man nicht stundenlang Melissa Etheridge oder k.d. lang wehrlos ausgesetzt war.

Aus dem musikalischen Angebot ergab sich automatisch Regel drei: Die Besucherin mußte Schlagermusik lieben, zumindest ertragen können. Für HiFi- oder Dancefloor-Enthusiastinnen war das Schappo Klack der wohl ungeeignetste Ort, sich zu amüsieren.

Das ganze Rheinland besteht aus einem für Zugereiste schwer überschaubaren Regelwerk. Und das Schappo Klack war eine typisch kölsche Kneipe. Wenn die Wirtin sagte: „Jeder sieht, wenn ich besoffen bin, aber keiner sieht, wenn ich Durst habe", war es an der Zeit, jener auch mal einen Drink zu spendieren. Das gehört im Rheinischen nämlich zum guten Ton. Wenn am Abend genügend Striche auf dem Bierdeckel zusammenkamen und die Arbeit der Wirtin mit einem Wein honoriert worden war, ging die letzte Stange Kölsch auf das Haus.

Überhaupt die Wirtinnen. Sie und nur sie behielten den absoluten Überblick, hatten schon so gut wie alles gesehen und erlebt: Glück, Leid, Liebe, Haß. Sie waren das Herz der Kneipe, und zu ihren Aufgaben gehörte nicht nur das Ausschenken von geistigen Getränken oder die Buchhaltung. Sie managten auch die sozialen Konflikte, wenn man sie so nennen will, denn eigentlich waren es natürlich die Konsequenzen aus dem Zusammenspiel von Kessen Vätern und ihren weiblichen Pendants. Die Wirtinnen kannten die Eigenheiten ihrer Damen.

Es konnte vorkommen, daß einige Stammgästinnen zu Rivalinnen wurden und monatelang nicht mehr miteinander sprachen. Aber immerhin kamen sie weiter regelmäßig ins Schappo und vertrauten sich der Wirtin an, die so zur Kommunikationsbrücke wurde. Oder es geschah, daß eine enttäuschte Dame und ihre Rivalin, die ihr einst die Freundin ausgespannt hatte, im Schappo aufeinander trafen, nachdem die von beiden begehrte Frau gestorben war. Die ehemals um ihr Glück betrogene Frau warf schnell eine Münze in die Musikbox, um Katja Ebstein „Abschied ist ein bißchen wie sterben" schluchzen zu lassen. Diese für alle Anwesenden furchtbare sowie geschmacklose Situation konnte nur eine der Wirtinnen retten, indem sie den Stecker aus der Steckdose zog und die gekränkte Ex-Freundin zur Seite nahm.

Im Schappo – wie es liebevoll von den Stammgästinnen genannt wurde – fanden im Gegensatz zu anderen Frauenkneipen keine hochintellektuellen Diskussionen statt. Die engagierten Akademikerinnen verirrten sich nur selten dorthin.

Denn eigentlich ging es immer nur um das eine: Alle wollten sich trinkenderweise amüsieren und nicht ihren Alltag analysieren. Und natürlich ging es um die Liebe und ihre Folgen.

Zu besonderen Anlässen saß nahe am Eingang auch schon mal ein älterer kesser Vater der alten Schule mit graugestutzten Haaren, im Smoking, mit Herrenschuhen und filterloser Zigarette, sein Revier abcheckend. Dabei gab es dieses Revier schon lange nicht mehr, geschweige denn potentielle Eroberungen. Seine Zeiten waren eigentlich vorbei. Dennoch kam er ein- bis zweimal im Jahr, trank, rauchte und ging dann irgendwann wieder – allein.

Aber im Schappo trafen sich die burschikose Metzgerin, die feminine Schuhverkäuferin mit praktischem Rock, schicker Bluse und der obligatorischen Perlenkette, aber auch die Kusine des fast vergessenen Schlagerstars und die Briefträgerin mit dauergewelltem Haar. Die adrette Verwaltungsangestellte saß immer auf ihrem Stammplatz neben der überarbeiteten Krankenschwester, die wegen all ihrer Nachtdienste auch nicht die Spur einer Chance hatte, eine Freundin zu finden. Gelegentlich fand sich die lebenslustige Schwester eines ebenso lebenslustigen Lokalmatadors ein, die mit ihrem Bruder die Freuden von Wein, Weib und Gesang teilte. An ihrer Seite befand sich stets eine stille Frau im Dirndl, die dafür sorgte, daß beide heil nach Hause kamen.

Nicht zu vergessen all die Frauen, deren Geschichte oder Eigenschaften auf die typisch kölsche Art durch einen Zusatz zum Vornamen deutlich gemacht wurde. „Karate-Moni" hatte wohl mal den einen oder anderen potentiellen Voyeur per Side-Kick ins Land des Leids befördert. „Pistolen-Susi" bewährte sich mit dem entsprechenden Werkzeug eindeutig in zweideutigen Lebenszusammenhängen. „Et Carmen" wiederum konnte der Legende nach die Herzen der Frauen reihenweise brechen und zu Engpaßzeiten mit Blick in den Kalender locker aussortieren: „Nee, Michaela geht heute nicht; die hat ihre Tage." Selbst die Verfasserin dieser Zeilen wurde nicht verschont. Nachdem sie sich als Photographin „geoutet" hatte und zufälligerweise gerade zu dieser Zeit eine Annie-Leibovitz-Werkschau in Köln stattfand, assoziierten die Damen sie nur noch mit dem Namen „Leibovitz".

Der harte Kern und die kneipenerfahrene Newcomerin standen in einer Traube um die Theke, denn die zahlreichen Stühle an den vielen kleinen Tischchen wurden nur zu Stoßzeiten oder von Unwissenden genutzt. Die Rheinland-erfahrene Kneipengängerin weiß natürlich, daß sie sich immer so nah wie möglich an der Theke plazieren sollte, um dem Kölschfluß nicht unnötige Meter in den Weg zu bauen.

Aber was machte ein frischverliebtes Junglesbenpaar, das mal gerade eben diese Kneipe „entdeckt" und betreten hatte? Es setzte sich schüchtern an einen weit entfernten Tisch, statt sich in den lauten und fröhlichen Insiderinnen-Pulk um die Theke zu begeben – und beging damit den Fehler seines Lebens. Schon die erste Bestellung, die ja nur durch einen bedeutungsschwangeren Gang der Wirtin vorbei an der Thekentraube durch den Raum möglich wurde, verursachte augenblicklich Stille im Lokal. Allein die Musikbox dröhnte weiter vor sich hin. Die Situation für die beiden „Eindringlinge" wurde geradezu kafkaesk. Alle beäugten sie und begannen schon zu tratschen, obwohl die beiden doch eigentlich nur möglichst anonym und dennoch in vertrauter Atmosphäre Händchen halten wollten. So lief das hier eben nicht. Persönliches Pech, wenn sie sich nicht auskannten. Solche Pärchen verschwanden dann auf Nimmerwiedersehen nach dem ersten Getränk. Hätten sie sich in die Höhle der Löwinnen um die Theke herum begeben, sie hätten ihre Schüchternheit bald vergessen. Dort herrschte wohl ein rauhes, aber eben auch ein herzliches Klima.

Beschwerte sich zum Beispiel eine Frau über das zu kühle Bier, von dem sie ja nur kalte Finger bekommen würde, entgegnete ihr die Wirtin süffisant: „Nun sei mal froh, daß das hier keine Eisdiele ist, sonst hättest du eine kalte Zunge. Und das ist ja wohl schlimmer."

Mit steigendem Alkoholpegel spielten sich Szenen ab, die wir heute gern als unglaublich bezeichnen würden. Diese Geschichten mußte man übrigens nicht unbedingt selbst miterleben; sie wurden später fast noch wirkungsvoller von den Wirtinnen erzählt.

Einmal legte eine übermütige Dame auf einmal einen Striptease hin und präsentierte dabei die erstaunlichste Unterwäsche. Oder die nie zu Ruhm und Ehre gelangte Opernsängerin begann eine

A-cappella-Show aus Evergreens mit Tanzeinlage. Natürlich saß nicht jeder Ton, nicht jeder Schritt, doch das Publikum raste vor Vergnügen. Die Sängerin interpretierte das Gelächter fatalerweise als Beifall und wollte gar kein Ende finden. Allein die Wirtin konnte schließlich ein Machtwort sprechen und die Show beenden.

Aber selbst der aufmerksamsten Wirtin entgeht auch mal etwas, besonders wenn es so richtig voll ist. Ausgerechnet am Rosenmontag, wenn aus der katholischen Domstadt ein Sodom und Gomorrha wird, vernaschte eine der Stammgästinnen eine „Neue" auf dem Zigarettenautomaten im Eingangsbereich. Das erklärte später den geringen Alkoholkonsum in dieser Ecke des Lokals, trotz der erstaunlich großen Menschentraube gerade dort. Weder die Verführerin noch die Verführte konnten sich übrigens an ihr öffentliches Stelldichein erinnern. Als die „Neue" einmal von der Wirtin darauf angesprochen wurde, entgegnete sie fassungslos: „Aber ich hatte doch eine Jeans an!" Darauf antwortete die Wirtin nur lächelnd: „Nun, die hat doch sicherlich einen Reißverschluß, den man aufmachen kann, oder?"

Ab und an – gerne zu Weiberfastnacht oder zur Walpurgisnacht – rauschten die „Stars" der Medienstadt herein, um sich feiern und bewundern zu lassen. Das gelang ihnen natürlich nicht. Schließlich lebte diese Szene, auch wenn sie immer kleiner wurde, von sich selbst. Es bedurfte keiner Promis, um für Gesprächsstoff zu sorgen. Alle Damen des illustren Kreises waren auf ihre Weise kleine Stars.

Aus irgendeinem Grund hat sich dieser Club der netten Damen (plus mittwochs Johannes), der sich seit Jahren, wenn nicht Jahrzehnten im Schappo traf, nicht mehr halten können. Es fehlte an beständigen, trinkfesten Neuzugängen. Die wenigen neuen Frauen wollten dann doch mehr als Zarah oder Marianne per Musikbox. Sie wollten auch nichts mehr hören von Helen Vita oder Evelyn Künnecke. Sie hatten kein Verständnis für diese Art von Kult. Selbst die Verfasserin dieser Zeilen konnte diese Mengen von Kölsch und Kölscher Couleur nicht mehr regelmäßig vertragen.

Und so war es nur konsequent, daß die Wirtinnen beschlossen, das Kapitel Schappo Klack zu beenden und statt dessen ein italienisches Speiserestaurant zu etablieren – natürlich mit dem gleichen kölschen Charme. Die „Übriggebliebenen" können nach wie vor dort zusammenkommen. Die restlichen Gäste staunen heute über die wilde Mischung von Bella Italia und Köln am Rhein. Zumindest kann „Die Leibovitz" sich immer noch als solche ankündigen und einen Tisch reservieren.

Wehe, wenn die „Echte" mal auftaucht; sie hätte keine Chance.

Der Eintritt ins Austreten

Butches im Spiegel
des Toilettenbesuchs

Silke Buttgereit

> *„Mit dreizehn, vierzehn habe ich geglaubt,*
> *daß ich mit meinem Leben etwas wirklich Wichtiges anfangen würde,*
> *zum Beispiel das Weltall erkunden oder Krankheiten heilen.*
> *Ich hätte nie gedacht, daß ich soviel Zeit damit verbringen würde,*
> *mir den Zugang zur Toilette zu erkämpfen. "*
> (*Leslie Feinberg 1996:* Träume in den erwachenden Morgen)

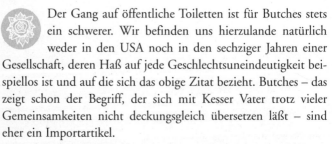 Der Gang auf öffentliche Toiletten ist für Butches stets ein schwerer. Wir befinden uns hierzulande natürlich weder in den USA noch in den sechziger Jahren einer Gesellschaft, deren Haß auf jede Geschlechtsuneindeutigkeit beispiellos ist und auf die sich das obige Zitat bezieht. Butches – das zeigt schon der Begriff, der sich mit Kesser Vater trotz vieler Gemeinsamkeiten nicht deckungsgleich übersetzen läßt – sind eher ein Importartikel.

Noch weiter als KVs davon entfernt sind, Butches zu sein, ist es der androgyne Lesbentypus, der die achtziger Jahre bestimmt hat.

Diese Kurzhaarlesbe zeigt vor allem, daß Frisur, Hemd und Hose samt derbem Schuhwerk noch lange keine Butch machen. Ihr Auftreten will feministische Grundsätze sichtbar machen und hat mit einer erotischen Rolle im Gegensatzpaar Butch/Femme zunächst herzlich wenig zu tun; vielmehr lehnt sie diese Rollen explizit ab. Nur ist der Rest der Welt wenig beeindruckt von ihrer Distanz zur Butch/Femme-Dualität. Butch, KV oder Kurzhaarlesbe – die Schimpfwörter, die zu ihrer Bezichtigung dienen, sind im Zweifelsfalle die gleichen.

Auch die jüngsten deutschen Butch/Femme-Variationen entspringen nicht einer lang gewachsenen Mischung aus gelebtem Begehren und gesellschaftlichen Konstellationen. Sie zeugen vielmehr von der Entwicklung einer Lesbenszene, die sich selbst und ihre moralische Engstirnigkeit mehr und mehr in Frage stellt und gegen eine ältere Generation durchaus mit Recht rebelliert.

Von den Unterschieden nun aber zu den Gemeinsamkeiten, die deutlich werden, wenn es um die kleinste Zelle unserer Gesellschaft geht – die Toilette. Es verbindet Kurzhaarlesben, KVs und Butches der bisweilen unumgängliche Gang aufs öffentliche Klo.

Dieser birgt diverse Probleme. Am Anfang aber steht immer der Eintritt. Jacques Lacan, welcher einst zeigte, wie sehr die Struktur von Sprache und die Konstruktion von Geschlechterdifferenz einander bedingen, benutzte zur Veranschaulichung seiner Theorie das Bild von zwei Türen mit den jeweiligen Überschriften „Damen" und „Herren". Anstatt dem Aspekt der Eintrittsbedingungen zum Austreten weiter nachzugehen, verlor er sich leider in schwindelerregenden Formeln über Metonymie und Metaphorik. Die Realität aber verhält sich mit der Beschriftung der Türen tückischer, als Lacans Bild ahnen läßt.

Die Schwierigkeit des Eintretens verschärft sich zum Beispiel mit Piktogrammen, Figürchen in angedeutetem Rock und Figürchen in angedeuteten Hosen, wobei die konstruierte Natur der Differenz um so deutlicher wird.

Solche Symbole verlangen Identifikation mit einem Entweder-Oder, das keine Zwischentöne zuläßt. Aber diese Entscheidung fällt selten befriedigend aus und verlangt absurdes Abstraktionsvermögen. Ginge es nach realer Abbildung, müßte die Kurzhaar/Butch/KV bei der Piktogramm-Variante immer da landen, wo sie trotz alledem nicht hin möchte: auf dem Männerklo.

Auch die Kitschversion, die besonders in Fußgängerzonencafés mittelgroßer Städte zu finden ist und wohl zur Standardeinrichtung rustikal und grob gemustert mitgeliefert wird, legt keine leichte Entscheidung nahe: Dame in langem Kleid mit ausladendem Hut und Rüschen, Herr in Frack mit Zylinder und Fliege. Keiner der beiden Vergleiche zwischen Kurzhaar/Butch/KV und den gebotenen Bildchen spricht für überzeugende Kongruenz. Soll sie hier gar nicht müssen wollen?

Vielleicht ist genau dies die Botschaft: Wer sich hier nicht einordnen kann, sollte Fußgängerzonen in mittleren Städten und erst recht deren Cafés besser meiden. Festzuhalten bleibt, daß in diesem Fall die Sprache, richtiger: das Symbolische, die Realität, also Frauen in Hosen – metaphorisch gesprochen, Frauen, die die Hosen anhaben –, zu korrigieren versucht.

Lustig hingegen sind Eckkneipenfigürchen à la „Liebe ist …“: Er steht und zielt mit seinem Schniedelchen im Bogen ins Töpfchen. Sie sitzt mit hocherhobenem Pferdeschwanz auf eben jenem. Hier fällt die Entscheidung im übrigen nicht ganz so schwer, denn der Unterschied zwischen Sitzen und Stehen erscheint auch der Kurzhaar/Butch/KV ein nachvollziehbarer.

Lacan vernachlässigt diesen Unterschied, und das war ein gravierendes Versäumnis. Hätte er ihn bedacht, hätte er vielleicht das Saussuresche Zeichenmodell des Baumes, das stets Bezeichnendes und Bezeichnetes vereint, nur teilweise durch die Klotüren „Damen“ und „Herren“ ersetzt. Hätte er über die eine Tür ein Bäumchen gesetzt – die Verbindung von Bäumen und stehenden Pinklern dürfte zum Sprachlosigkeit hinterlassenden Gemeingut gehören – und über die andere Tür das in der Linguistik ebenso beliebte Motiv des Stuhls, der Sitzen nahelegt, hätte sich eine neue Dimension eröffnet. Denn am Ende stünde die Anregung, all die Bildchen, Schriftzüge und anderen Zeichen, also die Frage: „Was bist du?“ durch die Frage: „Wo willst du hin?“ zu ersetzen:

Anders gesagt: Wäre Jacky Lacan eine Butch gewesen, hätten ihre wissenschaftlichen Theorien zwar nie großen Bekanntheitsgrad genossen, dafür aber hätte sie die Frage nach dem konstruierten Unterschied zwischen „Damen" und „Herren" anders und weiterführender gestellt.

Nur noch eine Anmerkung zu einer erwähnenswerten Variante des Themas Eintrittsbedingungen: Besonders Szenekneipen für Publikum jüngerer Generationen wählen die abstrakte Symbolvariante der Planetenzeichen für Venus und Mars – bekannter als Frauen- oder Männerzeichen. Raffiniert sind Frauenzeichen auf hellblauem und Männerzeichen auf rosa Hintergrund. Irritationen und Notbremsungen vor Eintritt ebenso wie daraus konsultierende Zusammenstöße sind vorprogrammiert. *Gender fuck* am stillen Ort.

Aber gehen wir einen Schritt weiter und treten ein ins Damenklo. Ist kein Betrieb, ist auch kein Problem. Ab in die Kabine, abschließen und in aller Ruhe das Geschäft verrichten, Hände waschen, vor dem Spiegel amüsieren oder kapitulieren und wieder raus. Wehe aber, es ist Betrieb, und wehe, es kommt eine weitere Besucherin herein, während unsere Kurzhaar/Butch/KV am Waschbecken steht.

Der Blick von eintretenden Frauen, die *stante pede* wieder hinausstürzen, erzählt in Sekundenbruchteilen die uralte Geschichte von Verwirrung und Angst, verlorenem Boden unter den Füßen und von dem Haß auf das Andere, ohne den keine Identität existiert. Das Symbol an der Tür erfüllt für diese Besucherinnen erneut brav seinen Zweck und sagt: „Ja, hier bist du Frau, hier darfst du's sein!" Es folgt eine entschlossene Vorwärtsbewegung, definitiv in Richtung der Kurzhaar/Butch/KV.

Die ihrer Identität so versicherte Besucherin öffnet den Mund und schließt ihn wieder sprachlos; unvermittelt drängen bedeutsame Grundsätze unserer Welt in ihr bescheidenes Bewußtsein: Gefahr! Ist ein Mann erst einmal hier eingedrungen, ist er bedrohlich! Schließlich sind außer ihm nur Frauen hier. Niemand wird ihn bremsen können. Frauen haben im tiefsten Inneren weder an Solidarität noch an gemeinsame Stärke je geglaubt, das offenbart solches Zögern. Sie pirschen sich daher vorsichtiger heran. Weniger Kurzsichtige erkennen rasch ihren Irrtum. Die Einsichtigen sind daraufhin peinlich berührt und schlagen jetzt die Richtung ihres eigentlichen Zieles ein; die Rachsüchtigen fangen nun an, ihr gemeines kleines Ich zu entlarven, suchen Verbündete: „Wenn die sich auch so anziehen, daß man nicht weiß, wo hinten und wo vorne ist." Direkte Anrede ist selten, und auch Blicke kommen meist auf Umwegen über den Spiegel. Wer nicht sein darf, wird auch nicht angeredet. Solche Erlebnisse können unserer Kurzhaar/Butch/KV die Verrichtung von Notdurft dauerhaft vergällen. Bisweilen verleiten solche Erlebnisse wie auch die langen Schlangen, die sich vor Frauenkabinen oft bilden, die Kurzhaar/Butch/KV dazu, mit dem Männerklo zu liebäugeln. Aber ein

Blick ins Reich der Herren zeigt meist, daß es dort nichts zu liebäugeln gibt. Es stellt durch Geruch und Architektur nur in ungemütlichen Notfällen eine Alternative dar.

Eine Ausnahme setzt diese ungeschriebenen Regeln des Klobesuchs außer Kraft: Sitzt vor dem heiligen Ort eine Klofrau? Dies ist im übrigen ein weiterer Aspekt, den Lacan vernachlässigte. Er unterschlug die Kontrolle, die die Aufrechterhaltung des Prinzips „Damen" und „Herren" nicht im Vorsprachlichen, sondern im Vorraum gewährleistet. Er verschwieg die Klofrau. Wie so viele Frauen, die im Schatten öffentlichen Lichtes wirken und walten, deren Verdienste nie genannt werden, wie die Sekretärin, die beileibe nicht nur Kaffee kocht, sondern das Funktionieren des gesamten Betriebes garantiert, deren Erfolge aber stets Vorgesetzten zugeschrieben werden, so erwähnt auch Lacan die Klofrau nicht.

Die Klofrau symbolisiert die letzte Autorität einer brüchig gewordenen Kultur. Ihre Existenz – wie eine wachende Säule steht sie hochaufgerichtet vorm Eingang der zu hütenden Intimität strikter Geschlechtertrennung – scheint sich tief ins Bewußtsein der Notdürftigen eingeschrieben zu haben. Sie kann nicht irren. Wer vor ihren Argusaugen bestanden hat und die Barriere ihres Tisches mit der nach Kleingeld schreienden Untertasse erst einmal genommen hat, kann sich in Sicherheit wiegen. Keine schrägen Blicke, keine Fragen, keine Angriffe von anderen Klogängerinnen. Die Anwesenheit einer Klofrau vor den zitierten Türen ist unserem Zeichenmodell vorgeschaltet.

herren damen

Aber soviel unumstrittene Autorität möchte erst überzeugt werden. Auseinandersetzungen mit Klofrauen können für Kurzhaar/Butch/KVs böse enden. Zumal die moderne Klofrau neben einem argumentativ geschulten Mundwerk mit einer direkten Verbindung zum privaten Wachschutz ausgerüstet und nicht mehr auf die – im übrigen oft beeindruckende – Kraft ihrer eigenen Arme angewiesen ist. Wenn die Kurzhaar/Butch/KV Bremsspuren und Brachialgewalt vermeiden möchte, geht sie Orten, wo eine Klofrau wacht, aus dem Weg – erst recht bei Diarrhöe und nach reichlichem Konsum von Flüssigem. Eine Butch weiß, wann ein Kampf ein aussichtsloser ist.

Die Autorität der Klofrau lebt in einer anderen, neueren Inkarnation geschlechtsbestimmender Funktion weiter. In der Türsteherin von *Ladies only*-Veranstaltungen findet die Klofrau in Zeiten, wo vollautomatisierte Citytoiletten den kommunikativen öffentlichen Raum für Intimes immer mehr ersetzen, ihre würdige Erbin. Die Kurzhaar/Butch/KV erkennt dies und weiß, daß der Kampf weitergeht.

(Zeichnungen: Stefanie Jordan)

Pilca contra Activogland

Bart ist nicht gleich Bart

Bianka Blöcker

Glaubt man den Werbeanzeigen in einschlägigen Frauen-zeitschriften, hat die junge, modische, emanzipierte Frau von heute am heftigsten Angst um ihre Haut. Gleich danach wird dem Haar immense Hege und Pflege angeboten. Damit wir uns hier richtig verstehen: Gemeint ist das Haupthaar. Und zwar ausschließlich. Seit dem Altertum sind Haare auf dem Kopf für uns Symbol der Lebenskraft. Seiner Pflege und Gestal-tung kommt daher enorme Bedeutung zu: schrilles für den Tag, Natur pur für die Nacht. Fönen, toupieren, färben, sprayen, flech-ten – alles ist erlaubt. Selbst Brennscheren. Da ist es egal, wenn die Models aussehen, als hätten sie einen Tag beim Friseur verbracht und dann eine Woche auf seinem Werk geschlafen. Aber: Diffuser Haarausfall und Haarstrukturschäden, da seien L'Oréal, Schwartz-kopff und Guhl vor!

Der Rest der Körperbehaarung fällt der Sphäre des Unaussprechlichen anheim oder ist von allerei Apparaturen und Mixturen der Vernichtung bedroht: Pinzette, Epilierer, Bimsstein, Rasierer, Elektrokoagulation, Depilatoria.

Wie? Wer hat noch nie das Wort Depilatoria gehört? Das ist, wonach es sich anhört: Chemie. Diese Mittel verursachen wahlweise einen allmählichen Abbau des Haarkeratins oder führen zu einer Auflösung des Haars. Danach folgen Abschaben und Abwaschen. Na, wem stehen da noch nicht die Haare zu Berge? Depilatoria gibt es in Funk- und Fernsehzeitschriften gleich neben Haarwuchsmitteln. *Pilca* contra *Activogland*.

Rettung vor der Glatze und Hilfe gegen Damenbart werden hier in verschämtem Schwarz/weiß zu unverschämten Preisen angeboten. Dafür versprechen sie zuverlässige Hilfe bei dem peinlichen Problem, das Mann und Frau allenfalls zuverlässigen GeheimnisträgerInnen anvertrauen und das die Attraktivität, glaubt man der Werbung, abrupt ins Bodenlose sinken läßt.

Beinbehaarung, Gesichtsbehaarung, Damenbart, wuchernde Schambehaarung. Ich habe keine getroffen, die sich nicht deswegen geschämt hat. „Irgendwann damals", meinten alle, „... schon lange her." Zu Zeiten, als sie noch Hetera oder Noch-nicht-ganz-Lesbe waren. Zu Zeiten, als der Spruch „Drei Streifen Adidas, zwei Streifen Caritas" eine noch bis ins Mark traf.

Das waren die Sommer, in denen mich Klassenkameradinnen mit mißtrauischem Blick auf meine Beine fragten: „Hast du dich rasiert?" Meine Erklärung, ich sei von Natur aus so unbehaart, rief zwar ungläubigen Neid hervor, aber heimlich waren sie damals doch stolz darauf, diesem Initiationsritus samt Schaum und Einmalrasierer frönen zu dürfen. Mit vielen Lamenti wurden Achsel- und Beinhaare geopfert, um sich von den wildwüchsigen Teenies und den Ungepflegt-Unmodischen abzugrenzen. Und ich begriff das damals schon ebensowenig wie den Spaß am Weibchen-ist-blöd-aber-verführerisch-Spiel, das offensichtlich in geheimnisvollem Zusammenhang zu nackten Achselhöhlen stand.

Auch heute stehe ich etwas unpassend zwischen meinen Genossinnen in der Lesbenszene: In den Achtzigern, als die Geschlechterrollen plattgetreten waren und androgyn ausgesprochen in war, paßte ich bestens ins Bild. Dann kamen die Neunziger, und alles bröckelte. Lesben hatten plötzlich Spaß an Butch/Femme-Rollen und waren alle eher einer Sparte verschrieben: Butches, die kantig-kerlig taten, oder Femmes, die sich weiblich-weich gaben. Nur ich stand zwischen den Stühlen und erntete Kopfschütteln für meinen Spruch auf dem T-Shirt: „I'm a butchy femme."

Und wieder schlug mir als naive Wanderin zwischen den Welten erhebliches Mißtrauen entgegen. Meine Butches fragten mich, ob ich mich rasieren oder mir gar die Augenbrauen zupfen würde? Jetzt aber breitet sich nach meiner Antwort statt Neid Erleichterung auf den Gesichtern aus. Mit meiner angeborenen Nacktheit bin gerade eben noch dem Verdacht entronnen, die Ideologie der eingefleischten Mackerinnen verraten zu haben: Meine Haare gehören (zu) mir. Und zwar jedes einzelne.

Nun wollen sich meine Lieben wahrlich nicht als ungepflegt oder gar unmodisch bezeichnen. Aber modisch und gepflegt in ihrem Sinne heißt eben nicht Seidenfummel und nackt gerupft. Das überlassen sie ihren Genossinnen auf der erklärten Femme-Seite. Dort entscheidet der Standort über Leben und Tod des Haars: Auf dem Kopf dürfen sie wachsen, je mehr, desto besser. Unter der Gürtellinie tummeln sie sich tunlichst exakt im Bikini-Dreieck. Und sonst erscheinen sie bitte nirgends! Allenfalls noch auf den Unterarmen – und wenn es gar nicht anders geht, eben blondiert. Dann fallen sie weniger auf.

Nun war ich aber dann doch bei der einen oder anderen meiner lieben Butches mit unübersehbarer Gesichtsbehaarung im Badezimmer. Und was soll ich sagen – Einmalrasierer und Pinzetten. Erwischt!

Es scheint, als ob auch bei ihnen gälte: Alle Haare sind gleich; manche sind gleicher. Über Sein oder Nichtsein entscheidet hier aber nicht der Standort – die Anzahl macht's, die Dicke und die Farbe. Sobald es dunkel piekt, avanciert der zarte Flaum zum

„Hexenhaar". O doch, auch pc-trainierte Lesben nehmen dieses Wort in den Mund und zwar alles andere als wohlwollend. Es hört sich ja auch eigentlich eklig an, nicht wahr? „Ein- oder mehrzellige, meist fadenförmige Bildungen der Epidermis" – so steht es im Lexikon unter dem Stichwort „Haare".

Diejenigen, die ich „Hexenhaar" voller Stolz habe sagen hören, waren offensive Bartträgerinnen. Sie haben Rasiercremes, Pre-Shave-Lotions und After-Shave-Präparate in die Mülltonne getreten und lassen sprießen. Und zwar nicht ein, zwei kringelige Haare am Kinn oder auf der Oberlippe. Nein, offensive Bartträgerinnen, das sind die, die regelmäßig vom Damenklo geschmissen werden: „Hier is' nur für Frauen!" Schließlich kann jemand mit Ziegenbärtchen ja nur ein Mann sein, oder?

Tja, da wird's nämlich unerwartet schwierig. Kleidung ist ja schon lange kein geeignetes Kriterium mehr für die eindeutige Wahrnehmung des biologischen Geschlechts – mehr oder minder gutes Benehmen schon gar nicht. Aber so ein paar wenige sekundäre Geschlechtsmerkmale? Auf die war dann doch Verlaß – bis zur *Gender*-Diskussion. Zum Glück wissen doch noch nicht alle, daß Geschlecht sozial konstruiert ist, und halten hartnäckig an den alten Kategorien von Adam und Eva fest. Und so bleibt Probierfreudigen weiterhin die Möglichkeit des absoluten Verwirrspiels in Sachen Geschlechterstereotypen.

Manche machen sich aus dem Experimentieren mit erklärten Männer- und Frauenmerkmalen eine persönliche Freude und spielen mit der Überschreitung der Grenzen zwischen Männlichkeit und Weiblichkeit. Ungezwungen bedienen sie sich der Stereotypen vergangener Zeiten und jonglieren mit den festgefahrenen Vorstellungen, welche Gestalt und welche Charakterzüge als typisch für die Geschlechter anzusehen sind. Sie kaschieren einige Proportions- und Robustheitsunterschiede, häufen alle ihnen möglichen kerligen Attribute an und – volià – es klappt: Sie können als menschliches Wesen der Sparte Mann durchgehen!

Und das in einer Lesbenszene, die nach dem Motto lebt: Uniformer Look ist out, *anything goes,* und Claudia ist Claudia. Aber selbst die Mimikry-geprüften Lesben sind noch zu narren, wenn sich die Adam-Kriterien im Outfit häufen. Mit dieser Täuschung hat man im Handumdrehen die gesellschaftliche Position und die Rechte der Macker in der Nadelstreifentasche. „Diese ganze angestrengte Männerkacke" (Michael Sollorz) oder die „irre Selbsterfahrung, ganz selbstverständlich viel mehr Raum einzunehmen, und niemand macht dich blöd an" (Birgit Scheuch). Aber Vorsicht! Im Nervenkitzel inbegriffen ist eben doch das Risiko, hochkant aus der expliziten Frauenparty geschmissen zu werden.

Drag Kings treiben die Verkleidung auf die Spitze und sind deshalb derzeit dem *Spiegel* noch Artikel wert. Sie proben Geschlechterwechsel auf Zeit, die Verwandlung einer Frau in einen Mann. Damit greifen sie ein über die ganze Erde verbreitetes Mythen- und Märchenmotiv auf und machen es für sich wahr. In Erzählungen taucht der Geschlechterwechsel unter anderem als Mittel zur Rettung aus brenzligen Situationen, als Täuschung und Strafe auf. Er berührt die Vorstellung androgyner Kräfte, die alles Sein hervorbrachten. Es lebe die Ganzheitlichkeit!

Geschlechterrollen sind heute auch in der Hetero-Welt nicht mehr so streng definiert. Alle nehmen sich von allem ein bißchen – Kraft und Weichheit, Führungsstil und Intellekt, emotionale Stärke und ausgesprochenen Masochismus, Muskeln und Nestbautrieb. Die ganze Palette steht zur freien Auswahl – so man sich denn als moderner Mensch fühlt. Androgyn ist in diesem Sinne immer noch in. Menschen, die sich schwer einordnen lassen, sind interessanter; Menschen, die sich weniger Sorgen um die eigene Geschlechtlichkeit machen, cooler. So lautet auch die Botschaft der neusten Werbekampagnen – von Calvin Kleins Unisex-Parfum bis Comme des Garçons' Rüschen für Männlein und Weiblein.

Die Lesbenszene dagegen beginnt mit dem Einheitsmischmasch zu brechen. Die Darstellungen von Butch und Femme werden wieder dezidierter. Inbesitznahme aller Rollen ist angesagt – aber jede hat ihre eigene Zeit. Und meist hat auch jede Lesbe ihre Lieblingsrolle. Spielfreudige hantieren mit genau den alten, gezirkelten

Vorstellungen von Männlichkeit und Weiblichkeit, die im Grunde alle, die etwas auf ihre Individualität halten, als überholt ansehen.

Drag Kings treiben dieses Spiel auf die Spitze, lassen den Kerl raushängen – ganz altmodisch. Sie spielen mit den Fesseln geschlechtlicher Etikettierung und den damit verbundenen Erwartungen. Neben Nadelstreifen, Eingriffschlitz und Schrittbeule kommen da plötzlich auch falsche Bärte mit ins Spiel. Sie sind wirkungsvolles Mittel der Täuschung – da erst seit kurzem hip und deswegen ungewohnt. Bei vielen Völkern und zu allen Zeiten galt der Bart als Zierde oder Herrschaftszeichen, in jedem Fall war er ein Symbol der *männlichen* Kraft.

Auch hier gilt, was die Werbeanzeigen für Haarwuchsmittel und -transplantation gemeinsam preisen: Ein ganzer Kerl dank Echthaar. Das heißt, echtes Haar, echter Kerl – unechtes Haar, kein Kerl. Jetzt sitzen wir aber ganz gehörig in der Klemme! Heißt das, echter Damenbart, ganzer Macker? Bewahre! Da gelten dann wieder Anzahl und Stachelfaktor. Je höher, desto kerliger.

Und diese Kriterien entscheiden auch über die Akzeptanz in der Lesbenszene. Haarhasserin hin oder Haarfetischistin her – gemeinhin gilt: Was wir an Stachel-Männern schon nicht mochten, werden wir auch an Frauen nicht schätzen. So die hartnäckige Devise unter eingefleischten Butches und Femmes. O ja, da sind sich alle wieder einig. Selbst wenn sie regelmäßig die Frauen ins Bett zerren, die animalisch inbrünstig riechen, sich hart anfassen und beim Sex die Zigarre im Mund behalten – Haare kitzeln die wollüstigen Phantasien der gesamten Lesbenszene offensichtlich nicht.

Oder hat irgendeine deiner besten Freundinnen schon mal geseufzt: „Also, eine behaarte Frau macht mich willenlos. Weich und schwach. Ich sehe starr auf ihren Oberlippenflaum und bin in Gedanken schon dabei, mir vorzustellen, wie ihre Brust wohl aussieht. Allein die Vorstellung, wie das Haar sich dicht um die Brustwarzen zwirbelt, zum Bauch hin wie eine Einflugschneise ausgedünnt, um dann im Schritt wieder zu seiner buschigen Höchstform aufzulaufen!"

Nein, nein. In breiter Front ächten die Lesben Stachelbehaarung gleich nach Knotenmuskeln und Konkurrenzdenken. Und radikale Lesben sehen im Bröckeln der Geschlechtergrenze gar das Wanken der feministischen Ideologie im ganzen.

Da sind die paar wenigen mit der Lupe zu suchen, die Hexenhaare nicht fies finden. Die meinen, mit den Fingern durch diesen haarigen Märchenwald zu wandern sei mehr als nur klasse für die Durchblutung. Sie haben keine Angst, zusammen mit Henry Maske, Bud Spencer und Lenny Kravitz hinten von der Bettkante zu fallen, und schwören auf Echthaar. Denn wir Mädels können uns alle möglichen Sachen umhängen, wir können basso profundo sprechen und selbst Auto fahren, aber so ein richtig dichter weiblicher Bart ist selten. An der Frau *vor* den Wechseljahren, wohlgemerkt.

Echter Bart, unechter Bart, Bart ab. Ich stehe wieder unbedarft mittendrin und argwöhne, ich sei ein klitzekleines bißchen naiv. Habe ich mir bisher doch recht wenig Gedanken um diese haarigen Angelegenheiten gemacht und jede meiner Liebsten so genommen, wie sie war. Mit Haut *und* Haar oder eben mit Haut *ohne* Haar. Um mich herum hingegen scheint die Haarspalterei zu toben. Die einen sprechen mit gewichtigen Argumenten ihr Haarwuchsmittel heilig; die anderen schwören verbissen auf Haarentfernungsmittel. *Activogland* contra *Pilca*.

Es sei ihnen unbenommen – denn, so habe ich kürzlich aus einem japanischen Sprichwort gelernt: Man kann auch den Kopf einer Sardine anbeten, wenn man fest daran glaubt.

Hure und Lesbe

Ein reizendes Pärchen

Laura Méritt

Die jüdische Emma Flegel aus Lübeck emigrierte Ende des 19. Jahrhunderts in die USA, um dort von der Kochhilfe zur Managerin eines erfolgreichen Puffs in St. Louis aufzusteigen, den sie selbst sich die Ehre gab zu etablieren. Ma'm war in der Subkultur dafür bekannt, daß sie ihre Working-Girls erst ausprobierte, dann Affären mit ihnen führte und sich eine Favoritin über ein bis zwei Jahre hielt. Wie stellt frau sich nun diese Freuden-Emma vor, als butchige Hausherrin oder als femmige Puffmutter, die den Mädels zeigt, wo's langgeht? Welches Bild erscheint vor dem heimlichen lesbischen Auge?

Natürlich gab es auch in der Sex-Industrie schon immer Butches, eher androgyne Typen, und Barbie-Femmes, letztere als *pretty women* oder Klischee-Huren hinreichend bekannt. Prostituierten wurde im Laufe der Geschichte immer wieder eine besondere Kleidung auferlegt, um sie von den honorigen Damen abzuheben, ihnen die „Weiblichkeit" abzusprechen und sie zu maskulinisieren. Der „Sündenfall" von Frauen wurde bis ins hohe Mittelalter mit dem Abschneiden der Haare bestraft (*to butcher* = abschneiden; später Bezeichnung für den kurzgeschorenen Männerkopf, den die in Männerkleidern und Stiefeln arbeitenden Frauen trugen und als Typenbezeichnung bekamen).

Im alten Rom mußten Huren wie Männer die Toga anlegen und durften weder Schuhe noch Juwelen, noch die roten Roben der Römerinnen tragen. Die Frauen wußten sich immer wieder über solche Stigmatisierungen hinwegzusetzen und sich mit anderen Ausgegrenzten zu vereinen, indem sie z.B. über die Toga ein kurzes weißes Jäckchen zogen. Dieses Gilet war wiederum das öffentlich zu tragende Zeichen des Ehebruchs, das die seitenspringenden Männer anlegen mußten.

In Griechenland sollten die Kleider geblümt oder gestreift sein; die flotten Streifen blondierten sich daraufhin in einem Akt der Solidarität die Haare. Im 14. Jahrhundert sollten die Frauen sich durch einen Männerhut und einen Männergürtel zu erkennen geben, was zu einer neuen sexy Variante führte. Das heißt, die Frauen haben die Vorschriften zu besonderen (erotischen) Merkmalen ausformuliert und sie identitätsstiftend und lukrativ eingesetzt.

Crossdressing, Geschlechtertausch oder Geschlechterspiele sind zudem seit ewigen Zeiten in der Sexpalette im Angebot. Die „normale Nummer" ist genauso gefragt wie Besonderheiten, zu denen alle vom jeweils herrschenden Ideal abweichenden Modelle oder Praktiken zählen. So kann eine Sexpertin jederzeit sogenannt männlich oder sogenannt weiblich agieren, aktiv oder passiv und alle möglichen Kombinationen wie z.B. den zartfühlenden Lederkerl, die strenge Kindsfrau, den tuntigen Imperator oder die kalte Mamsell durchspielen. Körperliche Charakteristika, die normalerweise gesellschaftlich eher abgelehnt werden, sind besondere Persönlichkeitsmerkmale. Ob zu große oder zu kleine Titten, Speckfalten, große oder kleine Füße, Orangenhaut, Reiterhosen, dicke Nase oder schiefer Mund, schwanger, magersüchtig oder behindert bzw. andersfähig – alles wird zum besonderen Typus stilisiert und positiv präsentiert. Auch geschlechtsuntypische Eigenheiten der Frauen sind begehrte Individualitäten: behaartes Modell, Ganzkörperbehaarung, Knabenfigur, stämmige Natur, breitbeiniges Mannweib oder dominanter Feger und natürlich die Transvestiten und Transen. Bei genauem Studium der Kontaktanzeigen könnten heute wie damals alle historischen Schönheitsideale inklusive tabuisierter „Deviationen" herausgearbeitet werden.

Um die Jahrhundertwende warben in Berlin Frauen mit „dunkler Haut, rotem Haar oder gar durch einen schwarzen Bart". Einen richtigen Zarenbart – wohl eher einen Zarinnenbart – und mehr zeigte eine New Yorkerin in der 42th Street – gegen Bezahlung, versteht sich. Stiefeldirnen trugen hochhackige Lackschuhe, helle Halbschuhe oder Männerstiefel und trieben auch mit Frauen Gemeinheiten, wie aus Annoncen in Berliner Zeitungen hervorgeht:

> *Strenge, energische Masseuse, in allem erfahren, wünscht noch vornehme Damen zu massieren. Frau Haugwitz, Lützowstr. 97.*
> *An Unerbittliche. Schreiben Sie bitte ausführlich an Sappho.*
> *Energische Dame nimmt noch Mädchen in Erziehung.*

Die lesbischen Dirnen, „die sich den Frauen gegenüber als Männer fühlen", traten auf der Straße in schlichten Kostümen auf – meist in sogenannten Schneiderkleidern. Kräftige Masseusen zählten auch Damen zu ihrer Klientel, die zur „Ausführung des aktiven oder passiven Sapphismus" kamen. Gerade in der „haute cocotterie", der Theaterwelt und in den teuersten Lupanaren war die homosexuelle „Perversion" stark verbreitet, „weil diese Geschöpfe, eben weil sie fortwährend in der Lage sind, sich zu allen möglichen schmutzigen und grausamen Akten auf Verlangen der Männer hinzugeben, sich mit der Zeit einen Widerwillen gegen den heterosexuellen Verkehr aneignen, der ihnen die homosexuelle Verbindung untereinander als etwas Höheres, Reineres und Unschuldigeres, gewissermaßen in einem idealen Licht erscheinen läßt". In den Bordellen fanden sich deshalb die meisten Tribaden, auch weil hier ein Zusammenleben mehrerer Prostituierter statthatte, und selbst in niedrigen Kreisen war die „perverse Prostitution" nicht fremd. Dr. Hammer, Hausarzt des größten deutschen Dirnenkrankenhauses, führte 1906 in seinen Akten, *Großstadt-Dokumente – Die Tribadie Berlins*:

> *Willy, 24, Vater Monteur, mehrere Mütter, 1 echter Bruder, kam mit 18 als Dienstmädchen nach Berlin, verkehrte mit Prostituierten und ging auf den Strich, auch öfter in Männerkleidern. Selbst in Frauenkleidern trägt sie gestärkte Oberhemden, Herrenkrawatten, -manschetten und -hüte („Pflaumen"). Das Haar trägt sie kurz, aus Geschmack. Sie hat derbe männliche Bewegungen. Ihre Schrift ist geschlechtslos. Für einen Mädchenkuß gab sie schon 10 Mark aus.*

Lina hingegen kommt

> *aus besseren Verhältnissen, die Eltern sind gesund, aber eine Schwester ist der gleichgeschlechtlichen Liebesbetätigung ergeben. Schon in der Kindheit hielt sie das Spiel mit den Puppen für albern, machte alle erreichbaren Puppen der Schwester kaputt. Das Kindermädchen berührte sie unzüchtig. Lina hatte schon auf der höheren Töchterschule regen Verkehr mit ihren Mitschülerinnen, jetzt hat sie Freundinnen. Manchmal wird sie sehr böse. Sie ist sehr schlank, bleichsüchtig und blaß. Außer Scharlach und Masern war sie nie erheblich krank. Alkohol genießt sie reichlich, sie raucht auch sehr. Männer geben viel Geld in den Bars. Sie verschenkt und vergeudet alles wieder, zieht nachts mit Damen in Cafés rum, hält sie frei. Solche Damen sind z.B. Chansonetten.*

Dieser Fall von Uranismus zeigt deutlich, daß es nicht richtig ist, wie manche Urninden und Urninge wollen, die „edle" urnische

Liebe (die Neigung zur lesbischen Liebe sei Ausfluß der Männlichkeit und somit Beweis ihres Höherstehens) in Gegensatz zur grobsinnlichen mannweiblichen Liebe zu setzen. In beiden Lagern seien feingeistige und auch grobkörperlich veranlagte Naturen zu finden, so Dr. Hammer.

Amüsiert haben sich Huren wie Lesben, die im allgemeinen auf der Straße nicht auffällig wurden, es sei denn, daß der virile, mehr männlich geartete Part streng gekleidet „in Tracht" ging (die feminine so einfach wie möglich). Treffpunkte waren von der einfachen Klappe über Tanzdielen, Absteigen und Bars bis zu exklusiven Clubs wie z.B. das *Berliner Picadilly, Olala* und *Taverne*. Im *Toppkeller* in Schöneberg herrschte zuweilen ein ordinärer Ton, u.a. wenn die schönsten Waden auf einer Börse prämiert wurden. Im *Violetta* fanden sich nur die virilen Damen ein. Und in Tagbars saßen morgens ab sechs merkwürdige Gestalten vor ihrem Kaffee, allzu weibliche junge Männer und allzu männliche Frauen. Dr. Hammer berichtet:

Da homosexuell veranlagte Mädchen etwas leichter aus der Bahn herausgestoßen werden, werden sie oft trotz ihrer Abneigung gegen die Männer Dirnen. In einer großen Zahl von Fällen schlägt das verkehrte Geschlechtempfinden so feste Wurzeln, daß die Dirnen sich in nichts mehr von den echten Urninden unterscheiden. Zwischen diesen Prostituierten kommt es dann zu Liebesverhältnissen, die wie immer bei Prostituierten sehr leidenschaftlich und von langer Dauer sind.

Wie sahen diese Pärchen aus? Der „Vater", meist eine echte Urninde, mit unweiblichem gaminhaften Aussehen, war der Verdiener, der für die „Mutter" oder das „Muttchen" auf den Strich ging. Oft waren sie bekannte Sadistinnen, die in kaltblütiger Weise die „perversen Veranlagungen" der Männer zu benutzen wußten. Der Vater war leidenschaftlich und äußerst eifersüchtig, seine Liebe äußerte sich oft sadistisch, und wenn Mutter untreu wurde, wurde sie unbarmherzig behandelt. So verlor ein Mädchen im Streit ein Auge, eine Österreicherin schlug ihre Freundin tot. Der Vater brauchte meist nicht treu zu sein, dafür opferte er sich für sie auf und überschüttete sie mit Geld, mehr als eine Dirne das für ihren Zuhälter tut. Das Muttchen, der passive weibliche Teil, war meist mollig, rund und süß:

> *Sie ist unterwürfig, anschmiegsam, hingebungsvoll, aber auch weniger leidenschaftlich und vielfach falsch. Es ist wie eine Spinne und saugt den Vater mit Schöntun und Lieb-sein aus. Besonders die älteren Mütter werden ganz raffinierte Ausbeuterinnen, die kein Mitleid mit dem verliebten Vater kennen und von seinem Geld gut leben.*

So zechte ein Hausmütterchen am Stammtisch größere Summen als mancher Zuhälter, während ihre dürre Frieda, „die ein Geniegesicht mit pikanter Schärfe hat, nur Schneiderkleider trägt, hager und plattbrüstig wie ein Mann ist, liebevoll für sie sorgt."

Weibliche Zuhälterinnen wurden wie die meisten Frauen dieses Systems von der Lohnarbeit des Mannes gehalten und spiegeln das heterosexuelle Muster wieder, frau wollte „ganz normale" Ehen führen. Die schlanke elegante Gestalt im Anzug und mit Etonkopf (Butch?) ging anschaffen, die feminine Schlichte mimte zu Hause die Molly. Ähnlich berichtet die Zeitschrift *Freundin* in den zwanziger Jahren über die „Virilen" und die „Femininen" mit den entsprechenden dazu passenden Berufszweigen, nämlich hier Directrice, Leiterin einer Arbeitsstube, Bürovorsteherin bis zur wissenschaftlich oder künstlerisch arbeitenden Frau, also stets höher angesiedelte selbständige Berufe, da Blumenverkäuferin und Typistin kein eigentlicher Beruf waren, sondern bloß Erwerb, der das Nötigste einbringt und der Phantasie Muße läßt zu schweifen. Eine tragische Geschichte berichtet von einer sogenannten Virilen, die von ihren Eltern gezwungen wurde, Wäscherin zu werden.

Der einzige Unterschied zwischen weiblicher und männlicher Zuhälterei, in der allerdings die Männer zu Hause Trübsal bliesen, ist der, daß die beiden Frauen zuweilen gemeinsam auf den Strich gehen, um mehr Geld zu verdienen, manchmal auch nur die Mutter. Aber im allgemeinen verdient die männliche Urninde mehr, und da – so Dr. Hammer – „das Weib immer mehr dem Triebe und dem Instinkt folgt als der Überlegung, ist die weibliche Zuhälterin gefährlicher und saugerischer als der männliche!"

In der Nachkriegszeit hat sich das heterosexuelle Muster unter Lesben/Huren insofern verändert, als daß das weibliche Zuhältertum im klassischen Sinne ganz vom männlichen Part übernommen wurde und ihre heißgeliebten Femmes diesen alles besorgen. Die Butch ist nach wie vor der eifersüchtige Fremdgänger, ihr hübsches Mädchen hat Treue zu halten. Nachzulesen sind diese real existierenden Klischee-Verhältnisse im Zentralorgan der Hureninnung: *Die rote Laterne. Schicksale von der Straße der Sünde.*

In den fünfziger Jahren wird immer noch versucht, eine „normale Ehe" zu führen, der „kesse Vater" führt das „Muttchen" aus. Neu ist allerdings *„ki-ki"*, die sich nicht in eine dieser Kategorien einfügen wollte. In der Prostitution entpuppt sich die (lesbische) Hure immer mehr als Prototyp der Weiblichkeit (wenn auch immer noch gern behaart), während in der Lesbenszene u.a. mit dem Aufkommen der Frauenbewegung eine Überbetonung des sogenannten Männlichen einsetzt, die erst mal keine Differenzierungen zuläßt.

Femmes und lesbische Sexarbeiterinnen kommen unter Beweisdruck. Zur kommenden Jahrhundertwende sind die Fronten aufgeweicht, Annäherungen möglich, Spielen mit den Geschlechterrollen ist erlaubt bzw. wird in Workshops erlernt (Drag King/ Tunten). Die Sozialisation in der Lesbenszene tendiert immer noch eher zur Butch, und Junglesben wirken wie geklont bzw. in Pärchenformation wie schwule Einheiten. Mit zunehmendem Alter läßt sich ein Freischwimmen aus dieser Rolle beobachten. Weiblichkeit wird wieder zugelassen. Dem entspricht auch, daß in der Sexindustrie mittlerweile für Frauen und besonders auch für Lesben ein Markt entstanden ist, der alle Kombinationen zuläßt. Die Studie der Kundinnen bleibt noch zu schreiben.

Now for Something Completely Different

Fräulein Kaiserin

Stephanie Kuhnen

Mit einem besonderen Dank an Dirk Ruder

Unter einer Tunte versteht die Allgemeinheit meistens einen schlecht geschminkten schwulen Mann in Frauenkleidern, nervtötend in der Artikulation (zu laut, zu schrill, zu viel) und umwerfend in der Gestik. (Umwerfend kann wörtlich genommen werden, denn herumstehende Gläser oder gar Menschen haben gegen wehende Federboas und gezielt eingesetzte Fächer keine Chance.)

Aber eine lesbische Tunte? Wie soll das holde, gute und feudale Bild der selbsternannten Fräulein Kaiserin in das verzerrte „Weltbild Mensch" der antipatriarchal kämpfenden Lesbe passen? Sollte ausgerechnet bei Lesben dieser „Virus Wahnsinn" um sich greifen, der schon die Schwulenbewegung in ihren Wurzeln diskreditiert hat? Gibt es dominante Tunten mit ihren unüberseh- bzw. -hörbaren Eigenschaften auch in Lesbenzusammenhängen?

Fräulein Kaiserin ist die singende Reinkarnation des chronisch schlechten Gewissens einer pc-ambitionierten Lesbe. Sie ist extrem extrovertiert, läßt sich in keine Schublade pressen und ist völlig unabhängig von der sexuellen Präferenz. Im Vergleich zu anderen Tunten fällt auf: Sie spielt keine Rolle. Sie ist so! Glücklicherweise nicht eine dieser geklonten Glitzerpaillettentrinen, sondern eher die klassische Trümmertunte. Fräulein Kaiserin ist ein Wesen aus Tüll und Tand, sie hat eine Seele aus Pink und ein Herz so weit wie eine Kaffeefahrt.

Es gibt Strömungen in der politisch arbeitenden Tuntenbewegung, die auf Grund des Gleichheitsartikel nicht nur in unserem Grundgesetz, sondern auch im Hinblick auf die transzendentalen Seelenwanderungen (z.B. Buddhismus) die These aufgestellt haben: „Tuntig sein ist eine geschlechtsunspezifische Gefühlsäußerung!" Daran anknüpfend erklärt Fräulein Kaiserin: das Tuntentum läßt sich nicht über die Anatomie, die vokalen Frequenzdivergenzen oder die spezifische Wahrnehmungskommunikations-Verschränkung (z.B. die instinktive Entdeckung des Grotesken im Alltäglichen) definieren.

Aber Lesben sollen doch gegen dieses Schicksal gefeit sein! Forscht frau jedoch in den einschlägigen Lesbenweiterbildungsbroschüren nach, so muß mit Entsetzen festgestellt werden, daß seit etlichen Jahren die Lesbenfrühlingstreffen, die Berliner Lesbenwoche und selbst das Frauenbildungshaus Osteresch von dem Kursangebot *Tucking for Beginners* nicht verschont geblieben sind.

Mit beinah missionarischem Eifer macht sich Fräulein Kaiserin daran, den Lesben das Tuntig-Sein zu vermitteln – oder was sie dafür hält. Die Kursangebote beinhalten meist eine Vorstellungsrunde, eine Erklärung des Tuntenraums sowie der darin befindlichen Gegenstände und Verhaltensnormen. Dazu kommen Anatomiestudien, eine Einführung in den Gebrauch von Schminke, Fummeltips, Tunten-Linguistik und – für ganz Mutige – eine rücksichtslose Konfrontation zwischen der Außenwelt und den frisch freigelegten bzw. frisch erworbenen (Un)Tugenden des gelebten Tuntentums.

Einige arglose Gemüter mögen jetzt denken: Oh, wie schön! Rollenspiel! Doch seien Sie gewarnt! Dem ist nicht so. In Rollenspielen wird – meist mit psychosozialem oder therapeutischem Ansatz und von einer beobachtenden Vertrauensperson begleitet – eine Situation ermöglicht, die spielerisch die gesellschaftlich akzeptierten und normierten Konventionen und Verhaltensmuster hinterfragt.

Fräulein Kaiserin beschreibt aber ihren ersten Kursus so: „Es kamen 23 Lesben. Es gingen 23 Diven im Debütariat." In internen Tuntenzirkeln – so sei hier verpetzt – spricht sie auch gerne davon, daß sie „kleine Monster" schaffe, was wohl der Wahrheit und der Intention des Seminars näher kommt. Aber was ist schon Wahrheit bei einer Person, die freimütig gesteht: „Meine Leer-Inhalte sind: Anatomie, Frequenzausgleich und Heucheln"?

Als Besucherin fällt es schwer, die Tuntenkurse zu beschreiben, ohne dabei in eine ebenso erklärungsbedürftige Synonymisierung wie „herumtucken", „aufbrasseln", „herumschrillen", „anfummeln", „stuckartieren" oder „aufputzen" zu verfallen. Es stellt sich aber die Frage: Sind diese Kurse eigentlich „richtige" Kurse oder doch nur wieder Erwarten gut besuchte, schrille Tupperpartys, die die Leichtgläubigkeit, die pc-Toleranz und die „Du-das-ist-irgendwie-wichtig"-Mentalität der tendenziell fleischlosen (d.h. sexlosen und vegetarischen) Lesbenbewegung – besser: Lesbenstagnation – auf eine ihrer härtesten Proben stellt?

Tja, Fragen über Fragen, die selbst die sonst nie um eine Antwort verlegenen Tunten kaum beantworten können. Anfänglich reagierte Fräulein Kaiserin mit ungläubigem Staunen allein auf das tatsächliche Stattfinden der Kurse: „Was? Die haben das wirklich genehmigt?" Heute jedoch resümiert sie, daß sie sich in ihren ersten Workshops noch sehr zurückgehalten hat, weil die Kleinen noch so schüchtern waren. Diese Aussage fällt deshalb besonders ins Gewicht, da Verhaltensmerkmale wie „Rücksichtnahme", geschweige denn „Zurückhaltung", im normalen Tuntenalltag nicht nur fehlen, sondern als gänzlich wesensfremd anzusehen sind.

Abschließend sei noch erwähnt: Wenn Tuntenkurse schon ernstgenommen werden, dann doch bitte so ernst, daß sie bei den Kursangeboten zur Identitätsbildung zu finden sind und nicht zwischen Clowninnen, Bauchtanz und angstfreiem Töpfern.

Fräulein Kaiserin – lesbische Tunte ohne Fußvolk. Ihre Macht aber ist ihre imposante Pracht, an der keine/r blicklos vorübergeht.

Was will eine Tunte mehr?

Typologie

Was bin ich? Und wenn ja, wie viele?

Stephanie Kuhnen und Birgit Scheuch

Festlegen mag sich niemand gern. Aber dennoch existieren Stereotypen. Und das mit gutem Recht. Diese Typologie kann Aufschluß über deine Persönlichkeit im Butch/Femme-Reigen geben. Mischidentitäten sind natürlich möglich und auch gar nicht selten.

Femmes

Femmes sind die Frauen, denen in den Jahren der Lesbenbewegung der geringste Respekt entgegengebracht wurde. Sie wurden als die ideale Projektionsfläche der eigenen Misogynie und internalisierten Homophobie mißbraucht. Ohne sie hätten Butches zu allen Zeiten vor allem psychisch, manchmal auch physisch, nicht überleben können. Die Femme ist der Grund und die

Legitimation für eine Butch, butch zu sein. Die Frage, warum gerade die Femme aus der Geschichte des lesbischen Kontinuums verstoßen und sogar geleugnet wurde, scheint heute zwar geklärt. Jedoch ist es mehr als an der Zeit, sich zumindest mit einer Einladung zum Essen und einem Blumenstrauß zu entschuldigen und natürlich ihren Mut, ihre Stärke und ihre Finesse zu respektieren.

Die Femme

Das Tragen von femininer Kleidung ist kein vom hundsgemeinen Patriarchat anerzogenes Pseudobedürfnis. Es ist natürlich. Sie kleidet ihren Körper *und* ihre Persönlichkeit. Ende der Diskussion. Femmes lieben Butches für das, was sie sind. Femmes können auch Femmes lieben. Für eine Femme ist es keine Schande, sich von einer Butch die Tür öffnen, den Koffer tragen zu lassen und ihre ungeteilte Aufmerksamkeit zu genießen. Femmes sprechen untereinander eine eigene Sprache, pflegen einen besonderen Umgang. Für ungeübte Butch-Ohren klingt es ein bißchen wie Schnattern. Wenn eine Butch den Kreis betritt, erstirbt schon einmal ein solches Gespräch zu einem Kichern und wird mit Blicken nonverbal weitergeführt.

Die High Femme

Die klassische Femme der alten Schule. Selten unter 50 Jahre alt. Die High Femme ist eine Synthese aus Glamour-Königin, Mutter, Ehefrau und Sexgöttin. Oberflächlich betrachtet ist sie an Röcken, High Heels, langen Haaren und Make-up zu identifizieren. Der Unterschied zwischen High Femme und Femme liegt in Gefühl, Benehmen und Ausdruck. Die High Femme bedient sich der traditionellen Methoden, mit denen eine „ideale" Frau wie Marilyn Monroe einen Mann verführen würde, und untergräbt dies mit der Verführung einer Stone Butch – ihrem passenden Gegenstück.

Die Femme Fatale

Eine Femme Fatale genießt ihre erotische Macht und Raffinesse. Sie fasziniert die um sie werbenden Butches. Auch wenn sie mit ihnen spielt, würde die Femme Fatale sie nie respektlos behandeln. Sie käme niemals auf die Idee, ihnen Hinweise oder Tips zu geben. Bis zum letzten Moment kann sich die Butch ihres Erfolges nicht sicher sein. Denn die einzige Sicherheit, die eine Femme Fatale gibt, ist, daß es keine Sicherheit gibt. Am Ende des Abends sitzen einige Butches erschöpft und mit leeren Portemonnaies an der Theke und freuen sich bereits auf den nächsten Kampf. Die Gewinnerin wird nach dem Belieben der Femme Fatale und nach deren Kriterien ausgesucht. Diese variieren nach Tageslaune. Es ist eine hohe Kunst, eine Femme Fatale zu sein. Imitate gibt es viele.

Die Femme Banale

Sie wäre gerne fatal. Jedoch besitzt sie weder den Stil noch die Eleganz. Versucht sich aber auf dem gleichen Feld wie die Femme Fatale zu messen. Am Ende eines Abends ist sie für umsonst betrunken und langweilt andere mir ihrem egozentrischen Gerede.

Die Prima Donna

Sie ist im negativen Sinne eine Femme Fatale. Es geht ihr nie wirklich um Sex oder Liebe. Sie will Macht. Nicht selten gehört zu ihr ein Bienenstaat an emsigen Drohnen – Butches, die ihr hoffnungslos verfallen sind. Die Prima Donna wirkt immer dann hilflos und zerbrechlich, wenn andere etwas für sie tun sollen. Femme-Konkurrenz wird mit Intrigen ausgeschaltet. Fällt eine Butch in Ungnade – nun, dafür hat sie die Drohnen. Sie trägt den schwarzen Gürtel in Mobbing. Hin und wieder gibt es eine Palastrevolution. Dann taucht sie in einer anderen Umgebung wieder auf. Sie ist erstaunlich zäh.

Die Baby Femme

Siehe Beschreibung Baby Butch. Der Baby Femme ist ihre Identität noch zu groß. Üben, üben, üben!

Die Lady

Die Aristokratin unter den Femmes. Erlesener Geschmack, perfektes Make-up, kulturell gebildet. Kleidung wird nicht nur gewählt, sondern inszeniert. Sie geht nicht, sie schreitet. Alles wirkt edel. Legt sehr großen Wert auf Umgangsformen der altmodischen Art. Sie ist das perfekte Gegenstück zur Gentleman Butch.

Die Butchy Femme

Salopp gesagt; die Schummelpackung unter den Femmes. Sie kleidet sich eher butch – kurze Haare, kein Make-up, trinkt Bier in Flaschen – ist aber von ihrer ganzen Ausstrahlung her eine Femme. Wird von anderen Butches auch als solche wahrgenommen, respektiert, aber auf keinen Fall so genannt. An ihr kann man sich sehr gut feminine Kleidung vorstellen. Meistens besitzt sie einige Kleider im Schrank, holt sie aber nur zu besonderen Anlässen heraus.

Die Designer Femme

Nur das Teuerste ist teuer genug. Sie hält mit ihrer Freundin Händchen über der Tischdecke in einem angesagten und teuren Restaurant mit kleinen Portionen. Durch ihre neureiche Blasiertheit findet sie nur Freundinnen in ihrer Einkommensklasse. Neigt zu klassischen und zeitlosen Kostümen von Chanel oder Jil Sander.

Die Biker Femme

Sie fährt selbst oder auf dem Sozius. Im Alltag ist sie eine Femme wie du und ich. Ob am Steuer oder an den breiten Rücken ihrer Butch geschmiegt, wird sie im Geschwindigkeitsrausch zur Femme extraordinaire. Die Biker Femme mit Lederoutfit, Lippenstift, Öl an den Händen und einer Maschine zwischen den Beinen ist die fleischgewordene Sexmetapher. Das ist der einzige und unbestreitbare Grund, warum Dykes on Bikes die CSD-Paraden anführen.

Die Lipstick Femme

Meistens jung, trägt ihren Lippenstift und die hippen, körperbetonten Klamotten in die Discos. Darauf angesprochen, erweist sich ihr Outfit oft als Opposition gegen die alte Lesbenbewegung und als Wunsch, so sein zu wollen, „wie alle anderen auch", nur eben lesbisch. Mit dem Wort Feminismus assoziiert sie angegruselt Dehnungsstreifen als gerechte Folge von öffentlichen BH-Verbrennungen. Tritt häufig in Gruppen auf. Liebling von Herrenmagazinen wie *Spiegel* und *Stern*. Böse Zungen nennen sie „lesbisches Girlie".

Die Hure

Sie kultiviert das Stigma, das Femmes ohnehin zur Perfektion tragen. „Du kannst mich haben, aber du wirst bezahlen!" Heute renoviert ihr die Praktische Butch die Wohnung, morgen leiht ihr Daddy die Kreditkarte, übermorgen macht sie die Playbutch mit einigen Armani-Anzüge tragenden Personalchefs bekannt, und alle drei haben das Gefühl, noch einmal billig davongekommen zu sein.

Die aggressive Femme

Für sie hat Femme-Sein mit Passivität gar nichts zu tun. Sie ist entweder aus Verzweiflung aggressiv, weil die meisten Butches nicht schnell genug zur Sache kommen, oder aus Leidenschaft. Von subtilem Flirten hält sie nicht viel, denn das dauert ihr viel zu lange. Die Butch, auf die sie es abgesehen hat, lehnt plötzlich über einem tiefen Ausschnitt, ohne zu wissen, wie sie dahin gekommen ist, und wird gewissermaßen zum Handeln genötigt. Manche Butches nennen aggressive Femmes respektvoll Femme mit sechzehn Tentakeln – wegen der Unmöglichkeit, ihr zu entkommen.

Die Mutti

Die Mutti hat es extrem schwer, ihre Passionen zu vermitteln, da diese in der Szene stigmatisiert und verpönt sind. Kochen ist für sie Erfüllung. Beim Abspülen und Wäschewaschen kann sie richtig abschalten. Es erfüllt sie mit Freude, wenn ihre Butch sich die Lippen leckt und aufseufzt: „Das schmeckt ja wie bei Muttern!" Je nach Umgebung sublimiert die Mutti ihre Vorlieben samt Kinderwunsch mehr oder weniger, sei es mittels multipler Katzenhaltung oder im Pflegeberuf.

Die Schlampe

Die Schlampe rebelliert gegen die stereotype Frauenrolle mit einem minimal zu kurzen Rock, etwas zu lauter Stimme und nicht ganz zueinanderpassenden Kleidungsstücken. Das so gewonnene Erscheinungsbild aber, und da lassen wir uns leicht täuschen, kostet die Schlampe genausoviel Energie und Zeit wie das der Lady. Die Schlampe wirkt besonders attraktiv auf Butches, die Abwechslung suchen, scheint sie doch recht unkompliziert und undogmatisch zu sein. Vor allen Dingen nehmen ihre kleinen inszenierten Fauxpas den Butches auch die letzte Unsicherheit.

Die Undercover Femme

Sie lebt aus politischen Gründen in WGs, trägt verhüllende und deformierende Kleidung und ist hauptberuflich Separatistin. Dumm gelaufen. Sie ist genau das, was sie ideologisch ablehnt. Sie hat bei Familienfeiern einen seltsamen Spaß an Make-up und Kleidern. Das Brautbouquet hat sie natürlich nur reflexartig gefangen, weil sie in ihrer Freizeit Handball spielt. Sie beschwert sich erst dann, wenn ihr die Tür bereits geöffnet wurde.

Butches

Die Butch hat den Bildersturm der letzten Lesbenbewegung mit ein paar Beulen weniger als die Femme überlebt. Die frühen feministischen Durchblickerinnen übersahen schon einmal, daß es sich bei Butches um Frauen handelt und nicht um Männer. Ihre Unabhängigkeit von der gängigen Schönheitsnorm für Frauen, ihre Art, sich zu bewegen, und ihre Erscheinung kennzeichnen Butches in der Öffentlichkeit als Lesben. Die Jeans, festen Schuhe und Hemden, derer Kombinationen es plötzlich so viele in der Szene gab, wurden den Butches von Separatistinnen abgeschaut. Leider nicht die guten Manieren. Auch wenn man sie für ihre toughe Erscheinung bewundern kann, darf nicht verschwiegen werden, daß es die Femmes sind, die die Butches jederzeit an den Eiern packen können. Ein geselliger Abend unter Butches endet oft mit einem „Ich muß jetzt nach Hause, sonst bekomme ich Ärger mit meiner Freundin".

Die Klassische Butch
Die Klassische unter den Butches liebt ihre Levis. Sie scheinen ihr angewachsen, beim Kauf könnte sie einen Dildo mit anprobiert haben. Die Jeans bewegt sich mit ihr, nicht umgekehrt, wenn sie sich mit wiegendem Schritt durch den Raum bewegt. Ein gesägter Kamm lugt aus ihrer Gesäßtasche hervor, wenn sie sich breitbeinig über den Billardtisch beugt – die Zigarettenschachtel hat sie sich in den Ärmel des gebügelten weißen T-Shirts gerollt, und zwar bis exakt dahin, wo ihr Bizeps den Schultermuskel trifft.

Die Gentleman Butch
Sie verbringt täglich mindestens eine Stunde damit, die Bügelfalten ihrer Anzugshose messerscharf zu plätten. Die Frage nach der richtigen Krawatte bestimmt ihr Leben. In der Lesbendisco scheint sie leicht deplaziert; das liegt vor allem daran, wie sie sich bewegt: würdevoll, bedächtig und doch zielstrebig. Sie setzt sich

nicht auf einen Stuhl, sie läßt sich nieder, die Beine nicht allzu breit gespreizt, dabei rückt sie ihre Hose so zurecht, daß keine ausgebeulten Knie entstehen. Die Anzugsjacke knöpft sie sich allenfalls auf. Zieht sie sie einmal aus, weist das darauf hin, daß sie untypischerweise betrunken ist. Allerdings passiert ihr das nur mit den andern Jungs – niemals in Gegenwart einer Femme. Selbst wenn sie sich am Gespräch beteiligt, entgeht ihr niemals ein leeres Glas: „Soll ich dir etwas von der Bar mitbringen?" In dem Augenblick, wo eine Zigarette die Lippen einer Frau berührt, flammt ihr Feuerzeug auf. Die Gentleman Butch hat es im Gespür, ob sie einer Femme in die Jacke helfen darf oder ob diese sich bevormundet fühlen würde.

Die Dandy Butch

Die Dandy Butch wünscht, sie wäre in einer anderen Epoche geboren worden. Zu einer Zeit nämlich, als es noch chic war, sich Bohemien zu nennen. Denn heutzutage gibt es einfach zu wenige Gelegenheiten, ihr Lieblingsoutfit – Smoking mit Cape, grauem Seidenschal und Zylinder – auszuführen. Auf gepflegte Konversation versteht sich kaum noch eine Lady, und ein Landhaus im Reisebüro zu buchen ist einfach degoutant.

Die Baby Butch

Sie ist die kleine Schwester der klassischen Butch. Jungenhaft, eher drahtig als muskulös. In die Levis muß sie noch hineinwachsen. Dabei wird ihr eine jener Femmes helfen, die auf genau diese zur Schau gestellte Unerfahrenheit, gar Unschuld steht und ihre Rolle darin sieht, aus dem Grünschnabel eine kultivierte und aufmerksame Butch zu machen. Die Baby Butch beobachtet zu Hause den faszinierenden Bewegungsablauf, mit dem ihr Butch-Vorbild ein Zippo aus der Tasche nimmt, mit den Fingernägeln von Daumen und Zeigefinger aufschnippt, schwungvoll an der Hosennaht entlangzieht, um ihrer Gesprächspartnerin wie beiläufig Feuer zu geben.

Die Soft Butch

Die Soft Butch ist ein extrem verbreiteter Typ. Sie hat alles in sich, was eine Butch ausmacht, außer der Courage, dies hervorzuheben. Trifft sie auf eine aggressive Femme, schmilzt sie wie Butter in der Sonne. Dann besteht eine gute Chance, daß sie hinterher zumindest zeitweilig etwas breitbeiniger geht.

Die Praktische Butch

Die Praktische Butch verfügt über die erforderlichen Fähigkeiten oder eignet sie sich sehr schnell an. Sie verkörpert den Traum jeder häuslichen Femme, denn sie spürt intuitiv das Flair, das ihre Femme sich für die gemeinsame Wohnung wünscht, und setzt es mit Phantasie und Geschick um – sei es die rustikale, die bodenständige oder die mediterrane Variante. Wenn die Praktische einen Raum betritt, faßt sie ihn kritisch ins Auge. Kleine Gegenstände nimmt sie in die Hand, dreht und wendet sie beiläufig, bevor sie sie wieder abstellt, ohne eine Miene zu verziehen. Dadurch erzeugt sie den irritierenden Eindruck, eine umfassende Qualitätsprüfung durchgeführt zu haben, und läßt sich deutlich anmerken, daß *sie* mit Sicherheit noch etwas verbessern könnte.

Die Athletische Butch

Sie fühlt sich nach dem Training am wohlsten in Sweatshirt und Jeans: Der Sommer gibt ihr außerdem die Gelegenheit, die im Schweiße ihres Angesichts entwickelten Muskeln im Muscleshirt oder Feinripp-Unterhemd, je nach Anlaß, zur Geltung kommen zu lassen. Alltägliche Verrichtungen gehen ihr scheinbar zu leicht von der Hand. Um etwa eine schwere Tür zu öffnen, muß sie ihre Kraft schon zügeln. Außerhalb der Sporthalle oder des Trainingsstudios wirkt sie manchmal etwas tapsig, was durchaus einen gewissen Charme hat.

Die Sissy Butch

Optisch ist sie butch, aber eine Spur zu tuntig, um eine richtige Butch zu sein. Bei Spinnen quiekt sie wie ein Mädchen. Dann muß schon mal die Femme das Untier ins Freie setzen. Sie ist ein kleines Weichei, das ungeniert weinen und über tiefe Gefühle reden kann. Häufig auch zickig. Täuscht Migräne vor und hyperventiliert auf dem Rücksitz von Motorrädern. Fallschirmspringen ist das letzte, was sie freiwillig täte.

Die Femme Hag

Sie wird von anderen Butches als ungefährlich wahrgenommen. Ihr wird schon mal die Freundin guten Gewissens anvertraut. Sie kann Femmes stundenlang zuhören und ihre Sprache verstehen. Sie teilt mit ihnen die Lust am Schicksal und die tiefen Gespräche. Meist steht die Femme Hag auf Butches. Femmes sind ihre besten Freundinnen, weil die Hag garantiert nichts von den Femmes will. Wenn doch, dann verliert sie augenblicklich ihren Femme Hag Titel und heißt Butch.

Der Ladykiller

Die Butch im Ladykiller-Format ist kein anzustrebendes Ideal. Sie ist arrogant, sarkastisch und kalt wie Eis. Natürlich wissen wir alle, daß coole Menschen bloß Angst vor Nähe haben. Aber dieses Wissen hat für eine Femme keinen praktischen Wert. Ms Ladykiller macht dich glauben, nur du kannst sie zum Schmelzen bringen. Wenn sie bekommen hat, was sie wollte, was auch immer das war, geht sie und wischt sich deine Tränen vom Jackett. Ihr Lieblingsspruch ist: „Ich habe dir nichts versprochen, Kleine!"

Der Hitzkopf

Wenn die hitzköpfige Butch nicht gerade auf Drama aus ist, kann sie charmant und höflich wie jede Butch sein. Ein falsches Wort allerdings, und es wird brenzlig. Nicht selten kommt es schon einmal zu einer Keilerei mit anderen Butches. Im Zweifelsfall hat immer die andere angefangen. Wenn sie sich verliebt, dann mit ganzem Feuer. Sie ist besitzergreifend, eifersüchtig, hoffnungslos romantisch und unberechenbar. Ist sie mediterraner Herkunft, entbehrt dies nicht einem gewissen Charme. Während eines Streites genügen ein paar sanfte Worte, um sie zu zähmen – sofern du eine Femme bist. Findest du ihre Hände an deinem Kragen, bist du eine Butch, die sich nach dem Türsteher umsehen sollte.

Die Trampelige Butch

Legen Butches vom klassischen oder athletischen Typ jedoch keinen Wert darauf, einen guten Eindruck zu machen, ist der Übergang zum Trampel fließend. Diese Butch-Gattung ist die einzige, die eine Femme unangenehm berührt. Sie drängt sich einer Femme mit einem „He!" zwischen die Beine, reicht ihr die Bierflasche – „Willst du auch mal?" – und gefällt sich auch noch. Ihr sollte öfter mal eine der wichtigsten Femme-Lebensweisheiten vermittelt werden: „Es ist nicht alles butch, was poltert!"

Die Playbutch

Sie liest gern *Men's Health* und liebäugelt mit dem Playmate des Monats. Sie kann sich nicht entscheiden, ob es sie beim regelmäßigen Besuch im Sportstudio mehr antörnt, ihre Deltoiden, ihren Bi- oder Trizeps in der Frauendusche zu präsentieren oder hinterher mit den Jungs einen Eiweißdrink zu nehmen. Gern jammert sie, wie anstrengend es ist, bei den Frauen so gefragt zu sein, und daß ihre Nächte ruhig vierundzwanzig Stunden haben könnten. Dies gehört zum Image und hat nicht unbedingt mit der Realität zu tun.

Der Kerl

In dieser Kategorie finden sich Butches aller zuvor genannten Gattungen. Der Kerl repräsentiert den fließenden Übergang von der Butch zum Drag King zur Transidentität. Marla Glen identifiziert sich beispielsweise als Kerl. In einem Interview mit der US-amerikanischen Schwulen- und Lesbenzeitschrift *OUT* betont sie:

„Ich bin ein Kerl, Baby. Ganz einfach. Ich liebe Frauen. Frauen in Miniröcken, die ihre Titten zeigen, Strümpfe tragen, Make-up, gut aussehen, gut riechen. Eben eine echte Lady, eine feine Lady."

Der Butch/Femme-Test

Stephanie Kuhnen

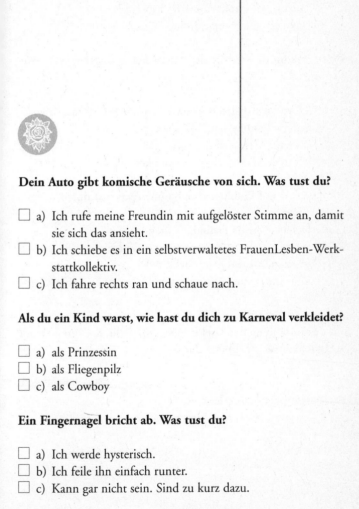

Dein Auto gibt komische Geräusche von sich. Was tust du?

☐ a) Ich rufe meine Freundin mit aufgelöster Stimme an, damit sie sich das ansieht.

☐ b) Ich schiebe es in ein selbstverwaltetes FrauenLesben-Werkstattkollektiv.

☐ c) Ich fahre rechts ran und schaue nach.

Als du ein Kind warst, wie hast du dich zu Karneval verkleidet?

☐ a) als Prinzessin
☐ b) als Fliegenpilz
☐ c) als Cowboy

Ein Fingernagel bricht ab. Was tust du?

☐ a) Ich werde hysterisch.
☐ b) Ich feile ihn einfach runter.
☐ c) Kann gar nicht sein. Sind zu kurz dazu.

Deine liebste Schwester heiratet. Du bist die Trauzeugin und sollst einen Rock anziehen. Was tust du?

☐ a) Kein Problem. Welche Farbe?

☐ b) Jedes dieser zwangsheterosexuellen Rituale werde ich auf jeden Fall boykottieren. Ich bleibe zu Hause.

☐ c) Niemals! Bin ich eine Tunte?

Deine Freundin wird in der Disco heftig angebaggert. Was tust du?

☐ a) Ich verfolge diese Dame mit bösen Blicken. Meint sie wirklich, sie kommt damit durch?

☐ b) Ich habe Vertrauen in unsere Nähe.

☐ c) Ich stelle mich dazwischen und knurre.

An deiner Wand krabbelt eine Spinne. Was tust du?

☐ a) Dafür ist meine Freundin zuständig.

☐ b) Spinnen sind ein Zeichen für gute Energien im Raum. Ich schlafe mit Licht, damit ich immer weiß, wo sie ist.

☐ c) Eine Butch tut, was eine Butch tun muß. Ich hole den Besen.

Eine Frau zählt an der Theke nervös ihr Geld, um ihren Drink zu bezahlen. Wie reagierst du?

☐ a) Ich werfe der Wirtin einen verwirrend verführerischen Blick zu, damit sie abgelenkt ist.

☐ b) Das ist ganz normal. Frauen verdienen im Patriarchat weniger Geld.

☐ c) Ich sage „Laß mal gut sein!" und zahle ihre Zeche.

Ihr werdet von einem Typen rüde gefragt: „Wer ist denn bei euch der Mann?" Was tust du?

- [ ] a) Ich zeige auf meine Freundin.
- [ ] b) Ich bin empört. Wir sind schließlich beide Frauen!
- [ ] c) Ich zeige ihm zwischen die Beine und sage: „Meiner ist spülmaschinenfest! Noch Fragen?"

Dir ist es zum Heulen elend. Was tust du?

- [ ] a) Ich weine hemmungslos.
- [ ] b) Ich schreibe Gedichte.
- [ ] c) Ich gehe Holz hacken.

Was trägst du für Unterwäsche?

- [ ] a) Edle Stoffe, die sich auf beiden Seiten gut anfühlen.
- [ ] b) Meine Frotteeunterhosen sind in erster Linie warm und bequem.
- [ ] c) Boxershorts

Was ist dein Lieblingssport?

- [ ] a) Volleyball
- [ ] b) Reiki
- [ ] c) Fußball

Wie fühlst du dich in einem Rock?

- [ ] a) sexy
- [ ] b) unterdrückt
- [ ] c) verkleidet

Welche Rolle spielte die Barbie-Puppe in deiner Kindheit?

☐ a) Sie war meine beste Freundin.

☐ b) Sie hat mich wie tausend andere Frauen in die Magersucht getrieben.

☐ c) Sie hatte keinen praktischen Wert, weil sie nicht hinter das Steuer von Matchbox-Autos paßte.

Was wolltest du werden, „wenn du groß bist"?

☐ a) Tierärztin

☐ b) Klassensprecherin

☐ c) Lokomotivführer

Was bist du geworden?

☐ a) Künstlerin

☐ b) studiere Sozialwissenschaften

☐ c) handwerklich begabt

Du hast seit drei Stunden ein problemorientiertes Beziehungsgespräch mit deiner Freundin. Was geht dir durch den Kopf?

☐ a) Wieso sagt sie nichts?

☐ b) Halbzeit

☐ c) Ich verstehe zwar kein Wort, aber es klingt interessant.

Ein unverzeihlicher Fauxpas ist, wenn meine Freundin ...

☐ a) nicht umgehend zurückruft, wenn ich den Hörer aufgeknallt habe.

☐ b) totes Tier ißt.

☐ c) mich in der Öffentlichkeit „Mausi" nennt.

Ergebnisse

100 % a): Du bist eine tadellose Femme.

100 % b): Du bist immer noch ein langweiliger Fliegenpilz. Arbeite daran.

100 % c): Du bist ein ganzer Kerl.

Bibliographie

Baker, Victoria 1995: „Femme – Very Queer Indeed". In: *The Femme Mystique,* Hg. Lesléa Newman, New York

Baumgardt, Manfred 1984: „Das Institut für Sexualwissenschaft und die Homosexuellen-Bewegung in der Weimarer Republik". In: *Eldorado. Homosexuelle Frauen und Männer in Berlin 1850–1950. Geschichte, Alltag und Kultur,* Hg. Berlin-Museum, Berlin, 31-43

Bright, Susie 1993: *Susie Sexperts Sexwelt für Lesben,* Berlin

Bright, Susie 1995: *Susie Sexperts liederliche Lesbenwelten,* Berlin

Butler, Judith 1991: *Das Unbehagen der Geschlechter,* Frankfurt/M.

Butler, Judith 1995: *Körper von Gewicht. Die diskursiven Grenzen des Geschlechts,* Berlin

Butler, Judith 1996: „Imitation und die Aufsässigkeit der Geschlechtsidentität". In: *Grenzen lesbischer Identitäten,* Hg. Sabine Hark, Berlin, 15-37

Califia, Pat 1985: *Sapphistrie,* Berlin

Case, Sue-Ellen 1989: „Toward a Butch-Femme Aesthetic". In: *Making a Spectacle. Feminist Essays on Contemporary Women's Theatre,* Hg. Lynda Hart, Ann Arbor, 282-299

Cordova, Jeanne 1992: „Butches, lies and feminism". In: *The Persistent Desire, A Femme-Butch-Reader,* Hg. Joan Nestle, Boston, 272-292

Delacoste, Frédérique und Alexander: *Priscilla Sex Work. Writings by Women in the Sex Industry,* Pittsburgh/San Francisco, 1991

Deuber-Mankowsky, Astrid 1995: „Und was ist mit dem Körper, Judy?". In: *Rundbrief Frauen in der Literaturwissenschaft 44,* Mai, 81-85

Faderman, Lilian 1991: *Odd Girls and Twilight Lovers. A History of Lesbian Life in Twentieth-Century America,* New York

Feinberg, Leslie 1996: *Träume in den erwachenden Morgen,* Berlin

Hammer, Wilhelm 1906: *Großstadt-Dokumente. Die Tribadie Berlins,* Band 20, Berlin

Hark, Sabine 1996: „Magisches Zeichen". In: *Grenzen lesbischer Identitäten,* Hg. Sabine Hark, Berlin, 96-133

Hollibaugh, Amber und Moraga, Cherríe: „What we're rolling around in bed with – Sexual silences in feminism". In: *The Persistent Desire. A Femme-Butch-Reader,* Hg. Joan Nestle, Boston, 243-253

King, Katie 1986: „The Situation of Lesbianism as Feminism's Magical Sign: Contest for Meaning and the U.S. Women's Movement, 1968-1972". In: *Communications 9,* 65-91

Kokula, Ilse 1984: „Lesbisch leben von Weimar bis zur Nachkriegszeit". In: *Eldorado. Homosexuelle Frauen und Männer in Berlin 1850 – 1950. Geschichte, Alltag und Kultur,* Hg. Berlin-Museum, Berlin, 149-161

Lauretis, Teresa de 1990: „Eccentric Subjects: Feminist Theory and Historical Consciousness". In: *Feminist Studies 16,* No. 1, Spring

Lef, Maik 1991: „n' abend du Schöne...bergerin. Lesben-Leben ‚im Westen von Berlin' in den zwanziger Jahren". In: *Ich bin meine eigene Frauenbewegung,* Hg. Bezirksamt Schöneberg, Berlin, 71-83

Loulan, JoAnn 1984: *Lesbian Sex.* San Francisco

Loulan, JoAnn 1990: *The Lesbian Erotic Dance.* San Francisco

MacCowan, Lyndall 1992: „Re-collecting history, renaming lives: Femme stigma and the feminist seventies and eighties". In: *The Persistent Desire. A Femme-Butch-Reader,* Hg. Joan Nestle, Boston, 299-328

Martin, Biddy 1996: „Sexuelle Praxis und der Wandel lesbischer Identitäten". In: *Grenzen lesbischer Identitäten,* Hg. Sabine Hark, Berlin, 38-72

Meyer, Adele 1994: *Lila Nächte,* Berlin

Morgan, Tracy 1993: „Butch/Femme and the Politics of Identity". In: *Sisters, Sexperts, Queers,* Hg. Arlene Stein, New York, 42-53

Munt, Sally (Hg.) 1992: *New Lesbian Criticism. Literary and Cultural Readings,* New York/London

Nestle, Joan (Hg.) 1987: *A Restricted Country,* Ithaca/NY

Nestle, Joan 1987: „Lesbians and Prostitutes: A Historical Sisterhood". In: *A Restricted Country,* Hg. Joan Nestle, Ithaca/NY, 157-177

Nestle, Joan (Hg.) 1992: *The Persistent Desire. A Femme-Butch-Reader,* Boston

Nestle, Joan 1992: „The femme question". In: *The Persistent Desire. A Femme-Butch-Reader,* Hg. Joan Nestle, Boston, 138-146

Nestle, Joan 1992: „Flamboyance and fortitude". In: *The Persistent Desire. A Femme-Butch-Reader,* Hg. Joan Nestle, Boston, 13-20

Newman, Lesléa (Hg.) 1995: *The Femme Mystique,* Boston

Newton, Esther 1984: „The Mythic Mannish Lesbian: Radclyffe Hall and the New Woman". In: *Signs. Journal of Women in Culture and Society,* Vol. 9, No. 4, (Special Issue: The Lesbian Issue), 557-575

Nichols, Margaret 1992: „Lesbische Sexualität". In: Lesben Liebe Leidenschaft, Berlin

Oswald, Hans 1908: *Das Berliner Dirnentum,* Band 1-10, Berlin

Plötz, Kirsten 1994: „Anders als die andern? Lesbische Frauen in der Weimarer Republik". In: *Außer Haus. Frauengeschichte in Hannover.* Hg. Christiane Schröder und Sonneck, Monika, Hannover, 69-75

Ponse, Barbara 1978: *Identities in the Lesbian World. The Social Construction of Self,* London

Schlierkamp, Petra 1984: „Die Garçonne". In: *Eldorado. Homosexuelle Frauen und Männer in Berlin 1850 – 1950. Geschichte, Alltag und Kultur,* Hg. Berlin-Museum, Berlin, 169-179

Schwarz, Gudrun 1983: „,Mannweiber' in Männertheorien". In: *Frauen suchen ihre Geschichte,* Hg. Karin Hausen, München, 62-72

Stein, Arlene 1992: „All dressed up, but no place to go? Style wars and the new lesbianism". In: *The Persistent Desire, A Femme-Butch-Reader,* Hg. Joan Nestle, Boston, 431-439

Vogel, Katharina 1984: „Zum Selbstverständnis lesbischer Frauen in der Weimarer Republik. Eine Analyse der Zeitschrift ,Die Freundin' 1924 – 1933". In: *Eldorado. Homosexuelle Frauen und Männer in Berlin 1850–1950. Geschichte, Alltag und Kultur,* Hg. Berlin-Museum, Berlin, 162-168

Walker, Lisa M. 1993: „How to Recognize a Lesbian: The Cultural Politics of Looking Like What You Are". In: *Signs. Journal of Women in Culture and Society,* Vol. 18, No. 4, Summer, 866-890

Wittig, Monique 1974: *Le corps lesbien,* Paris

Wittig, Monique 1981: „One is not born a Woman". In: *Feminist Issues,* Bd. 1, Nr. 2, Winter

Zimmermann, Bonnie 1992: „Lesbians Like This and That: Some Notes on Lesbian Criticism for the Nineties". In: *New Lesbian Criticism. Literary and Cultural Readings,* Hg. Sally Munt, 1-15

Biographien

Ulrike Anhamm

Jahrgang 1961, Studium der Physik. Mitherausgeberin des Lesbenmagazins *lespress – Seiten mit Sinn*. Lebt und arbeitet in Bonn als Photographin und Journalistin. Veröffentlichte *Das Queer-Quizbuch* (gemeinsam mit Axel Schock), 1996.

Ahima Beerlage

Jahrgang 1960, Germanistin, Autorin, Moderatorin beim ersten privaten linksalternativen Radiosender in Berlin, Radio 100, mit dem Schwerpunkt lesbisch-schwuler Themen. Mit-Veranstalterin lesbisch-schwuler Parties, Podiumsdiskussionen und Theaterveranstaltungen im SO 36.

Bianka Blöcker

Jahrgang 1967, Hamburger Fischkopf, begann im Mainzer Exil ihr Studium und wird es in Berlin als Linguistin mit Hang zur

Publizistik beenden – falls sie es je schafft, ihre Finger mal wenigstens halbwegs von Frauenzeitungsarbeit zu lassen.

Silke Buttgereit

Geboren 1966 in Backnang, lebt und schwimmt als freie (Sport-) Journalistin und Autorin in Berlin. Mitherausgeberin der Berliner Frauen/Lesbenzeitschrift *BLAU*. Veröffentlichungen: *EuroGames IV 1996* (zusammen mit Michael Groneberg).

Karen-Susan Fessel

1964 in Lübeck geboren, Studium der Theaterwissenschaft, Germanistik und Romanistik, lebt als Schriftstellerin und freie Journalistin in Berlin. Veröffentlichungen: *Und abends mit Beleuchtung*, 1994; *Heuchelmund*, 1995; und *Bilder von ihr*, 1996.

Julika Funk

Geboren 1965, Literaturwissenschaftlerin, lebt in Konstanz. 1993-1995 Stipendiatin des Graduiertenkollegs „Geschlechterdifferenz & Literatur" der Universität München. Dissertationsprojekt zur Androgynie in romantischen Texten. 1996 Wissenschaftliche Mitarbeiterin an der Universität Konstanz. Gemeinsam mit Elfi Bettinger Herausgeberin des Tagungsbandes *Maskeraden. Geschlechterdifferenz in der literarischen Inszenierung*, 1995.

Carolyn Gammon

In Berlin lebende Kanadierin, lesbische Schriftstellerin und Aktivistin aus Leidenschaft, Studentin, Touristenführerin und Hauspflegerin aus Notwendigkeit. Ihr Buch *Lesbians Ignited* (Entflammte Lesben) ist eine Sammlung heißer lesbischer Gedichte.

Stephanie Kuhnen

Stonewall-Jahrgang 69, überall aufgewachsen *(army brat)*, aber vom Herzen rheinländische Lokalpatriotin, studiert Anglistik,

Kunstgeschichte und Publizistik in Göttingen. Seit Dezember 1995 Kulturredakteurin bei *lespress* und freie Journalistin.

Laura Méritt
Feministische Linguistin und Sexpertin. Betreibt seit 1987 den mobilen Kaufladen *Sexclusivitäten* und seit 1992 den lesbischen Escort-Service *Club Rosa*, Berlin. Mitclit der *Bösen Mösen*. Veröffentlichungen u.a. *Lauras Animösitäten und Sexkapaden – Das lesbische Sexwörterbuch, 1993*.

Hanne Neumann
1965er Zwilling mit Hang zu Zahlen – der erste Beruf. Zu Literatur – der zweite Beruf. Zu Technik – der dritte Beruf. Zu Menschen – der dreieinhalbte Beruf. Zu ihren FreundInnen – eine Lebensaufgabe. Lebt und bleibt in Göttingen und genießt dort – was auch immer.

Kirsten Plötz
32jährige Historikerin, schrieb ihre Magisterarbeit über lesbisch lebende Frauen in den Zwanziger Jahren. Seitdem forscht sie über sogenannte „alleinstehende" Frauen nach 1945.

Birgit Scheuch
Jahrgang 1965, Venus im Wassermann; Designstudium, Diplom; Redakteurin beim schwul-lesbischen *Eldoradio;* Übersetzung von Susie Brights *Susie Sexperts Sexwelt für Lesben* und *Liederliche Lesbenwelten*; Organisation des Internationalen SchwuLesbischen Filmfestivals in Berlin; Anleitung von Sex-Workshops für Lesben; freie Journalistin.

Juliane Weibring (Pseudonym)
37 Jahre, Diplompädagogin und Lehrerin, promovierte in Philosophie und arbeitet als Lehrerin und freie Schriftstellerin.

Gender Studies, Queer Theory

Die Vision einer LesbenNation ist in weite Ferne gerückt. Die erste Welle lesbisch-feministischen Selbstbewußtseins führte nicht zu einer einheitlichen Gemeinschaft, sie ebnete vielmehr den Weg für eine weit komplexere Vorstellung dessen, was lesbische Identität und Kultur ist.

Mit Vehemenz wird nach der „eigenen" Identität gesucht, die das Eigene vom Fremden scheidet und darüber Fragen der Zugehörigkeit regelt. Ungeklärt bleibt meist, was mit Identität gemeint ist.

Identitätspolitische Strategien bergen oft die Gefahr, daß „lesbisch" aufhört, eine Frage zu sein, und Identität als normatives Ideal fungiert. Identitätspolitik kann dazu dienen, diejenigen auszuschließen, die die Identitätsanforderungen und -bedingungen nicht erfüllen. So wird sie Teil des Problems, das sie angetreten war zu lösen.

Sabine Hark (Hrsg.)
Grenzen lesbischer Identitäten
Aufsätze
ISBN 3-89656-012-3

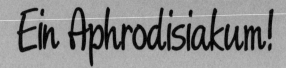